SEJA VISTO e LEMBRADO

VENDA MAIS E FIQUE
NA MEMÓRIA DO SEU CLIENTE

SEJA VISTO E LEMBRADO

MAMÁ BRITO
CEO do Fight Music Show e
Especialista em Inteligência Emocional

RAFAEL MENDES
CEO da RP Trader e Especialista em Vendas

ALTA BOOKS
GRUPO EDITORIAL
Rio de Janeiro, 2023

Seja Visto e Lembrado

Copyright © 2023 STARLIN ALTA EDITORA E CONSULTORIA LTDA.
ALTA BOOKS é uma empresa do Grupo Editorial Alta Books (Starlin Alta Editora e Consultoria LTDA).
Copyright © 2023 Márcio Brito e Rafael Mendes.
ISBN: 978-85-508-2102-3

Dados Internacionais de Catalogação na Publicação (CIP) de acordo com ISBD

B862s   Brito, Mamá
           Seja Visto e Lembrado: venda mais e fique na memória do seu cliente / Mamá Brito, Rafael Mendes. - Rio de Janeiro : Alta Books, 2023.
           208 p. ; 15,7cm x 23cm.

           Inclui bibliografia e índice.
           ISBN: 978-85-508-2102-3

           1. Administração. 2. Vendas. 3. Cliente. I. Mendes, Rafael. II. Titulo.

2023-495   CDD 658.85
                                                         CDU 658.85

Elaborado por Vagner Rodolfo da Silva - CRB-8/9410

Índice para catálogo sistemático:
1. Administração : vendas 658.85
2. Administração : vendas 658.85

Todos os direitos estão reservados e protegidos por Lei. Nenhuma parte deste livro, sem autorização prévia por escrito da editora, poderá ser reproduzida ou transmitida. A violação dos Direitos Autorais é crime estabelecido na Lei nº 9.610/98 e com punição de acordo com o artigo 184 do Código Penal.

O conteúdo desta obra fora formulado exclusivamente pelo(s) autor(es).

Marcas Registradas: Todos os termos mencionados e reconhecidos como Marca Registrada e/ou Comercial são de responsabilidade de seus proprietários. A editora informa não estar associada a nenhum produto e/ou fornecedor apresentado no livro.

Material de apoio e erratas: Se parte integrante da obra e/ou por real necessidade, no site da editora o leitor encontrará os materiais de apoio (download), errata e/ou quaisquer outros conteúdos aplicáveis à obra. Acesse o site www.altabooks.com.br e procure pelo título do livro desejado para ter acesso ao conteúdo..

Suporte Técnico: A obra é comercializada na forma em que está, sem direito a suporte técnico ou orientação pessoal/exclusiva ao leitor.

A editora não se responsabiliza pela manutenção, atualização e idioma dos sites, programas, materiais complementares ou similares referidos pelos autores nesta obra.

Grupo Editorial Alta Books

Produção Editorial: Grupo Editorial Alta Books
Diretor Editorial: Anderson Vieira
Editor da Obra: Rosana Arruda
Vendas Governamentais: Cristiane Mutüs
Gerência Comercial: Claudio Lima
Gerência Marketing: Andréa Guatiello

Assistente Editorial: Ana Clara Tambasco
Revisão: Alessandro Thomé; Paulo Aragrão
Diagramação: Rita Motta
Capa: Paulo Gomes

Rua Viúva Cláudio, 291 – Bairro Industrial do Jacaré
CEP: 20.970-031 – Rio de Janeiro (RJ)
Tels.: (21) 3278-8069 / 3278-8419
www.altabooks.com.br — altabooks@altabooks.com.br
Ouvidoria: ouvidoria@altabooks.com.br

Editora afiliada à:

Dedico este livro a minha esposa maravilhosa, amiga leal, parceira que esteve a meu lado durante meu início na carreira empreendedora.

Aos meus sócios, obrigado por estarem comigo no dia a dia da empresa. Aos nossos colaboradores da RP TRADER®. E acima de tudo, a Deus, por ser tão generoso comigo.

Rafael Mendes

Dedico este livro a todos aqueles que estiveram ao meu lado nos momentos mais desafiadores da minha vida. Vocês ajudaram a despertar em mim o Mamá campeão.

Minha gratidão especial à Clemilda Thomé, querida companheira que me desafiou, instigou e inspirou para que eu me tornasse o homem que sou hoje.

Mamá Brito

Sumário

Apresentação	1
Prefácio	3
Rafael Mendes	7
Mamá Brito	11
Introdução	15

CAPÍTULO 1
Matriz Seja Visto e Lembrado

1ª Combinação: Boa Afinidade x Alta Visibilidade	21
2ª Combinação: Má Afinidade x Alta Visibilidade	23
3ª Combinação: Boa Afinidade x Baixa Visibilidade	25
4ª Combinação: Má Afinidade x Baixa Visibilidade	26

CAPÍTULO 2
Seja Visto

SEJA VISTO – "Acerte na Mosca"	30
Inbound Marketing	37

E-mail Marketing	43
Propaganda	47
SEO	51
Influenciadores digitais	54
Marketing Viral	57
Marketing de Conteúdo	60
Blog	63
SEM	66
Marketing de Comunidade	69
Ads Offline	73
Marketing de Afiliados	75
Assessoria de Imprensa	79
Eventos	82
Feiras de Negócios	85
Panfletos e cartões de visita impressos	89
Outdoor	92
Rádio	95
Chatbot e Inteligência Artificial	99
Prospecção Outbound	103
Prospecção Outbound por meio do LinkedIn	105
Gamificação como estratégia para impulsionar seu time de prospecção	106
Negócios com Network	110

CAPÍTULO 3
...e Lembrado

Afinidade, um princípio de persuasão	118
Gatilhos Mentais	123
Conclusão sobre Gatilhos Mentais	153

CAPÍTULO 4
As 21 Leis do Vendedor Extraordinário

Conclusão	185
Referências bibliográficas	187
Índice	189

Apresentação

Pense em algum produto que você conheça pela marca. Se lembrou rapidamente de algum, certamente é de uma empresa conhecida no marketing como Top of Mind, ou aquela que vem em primeiro lugar à sua mente, e este livro quer levar você a ter esse lugar na memória dos seus clientes.

Queremos tornar sua marca inesquecível, e para isso é essencial que ela apareça com consistência, que faça parte da rotina do seu cliente em potencial, estando no caminho que ele faz do trabalho para casa, no shopping que passeia, no trajeto para a escola dos filhos ou nas mais diversas situações do cotidiano.

Antes de convidá-lo a percorrer essa jornada conosco, achamos importante nos apresentarmos para que você possa entender como nos tornamos referência em nossas áreas de atuação e por que dedicar suas horas a ler este livro será um investimento em seu negócio.

Esta jornada levará você a entrar em contato com canais de venda e de como se comunicar com seu público-alvo, sendo visto e lembrado por ele no momento em que a demanda comercial existir. O "ser visto" faz parte da arte de manejar os canais de aquisição de clientes e utilizá-los de acordo com o foco principal de seu objetivo, entendendo primordialmente com quem você está conversando. Para "ser lembrado", você precisa construir uma relação com seu cliente que lhe permita ficar na memória e estabelecer a afinidade e a relação necessárias para que tenha sucesso em sua venda.

Prefácio

Vender um cachecol em pleno verão no centro de São Paulo, Brasil.

Esse exercício rápido e prático feito pelo Rafa mostra como um amante da arte conseguiu unir seu talento no teatro com a habilidade em vendas, e é um prazer ver que bons alicerces criam boas histórias.

Da mesma forma, é uma honra conhecer e contar com o apoio de um ser humano tão incrível. Nós nos tornamos bons amigos muito cedo. Às vezes passamos algum tempo sem nos falarmos, mas quando nos encontramos, a conversa é muito boa. E como um bom vendedor, Rafa sempre estende a mão para ajudar e resolver o que for necessário.

Seja Visto e Lembrado é uma publicação para quem quer colocar seus projetos para rodar. Sua leitura é tão dinâmica que será difícil ficar parado.

Este livro não é apenas uma coletânea de boas práticas para seu negócio ter um bom desempenho em vendas ou marketing. Você verá que é o equilíbrio entre as duas coisas que faz com que uma empresa seja vista e lembrada.

Rafa viveu isso na prática. Professor, gestor comercial e empreendedor, não teve tempo a perder com fórmulas batidas ou estratégias pouco fundamentadas.

Em poucos anos, fundou uma das maiores empresas de prospecção ativa do Brasil, e é um profissional que tenho orgulho de ter como parceiro nas nossas operações.

Você pode se perguntar: o que um livro sobre vendas pode ter de diferente?

Posso lhe dizer que, melhor do que a visão de mundo de uma pessoa é conhecer a vivência e a inspiração de várias! Rafa e Mamá não apenas têm boas vivências como são pessoas de trajetórias inspiradoras.

Rodaram operações e operações. Atenderam clientes pequenos, médios e grandes. Tocaram negócios complexos tomando decisões importantes; indústrias, serviços e tecnologias muito diferentes entre si.

Neste livro, os autores não apenas trazem sua vivência em vendas, mas também nos mostram como a arte e o pulso prático característico do empreendedorismo brasileiro colaboram para a criatividade das operações.

Se chegou até esta publicação, você verá, na prática, empreendedores, vendedores e artistas (sim, vender é uma arte!) mostrarem como se monta uma operação que seja realmente robusta.

"E como eu divido meus esforços?", é o que muita gente pensa em relação a marketing e vendas.

Em um mundo complexo, uma publicação que fracione as estratégias em duas metades é para mim um oásis no oceano da informação. Ao mesmo tempo, esse método lhe ensinará a parar de dividir e começar a somar e multiplicar com estratégias eficazes que tenho a honra de ver de perto serem colocadas em prática.

Esse é o principal diferencial deste livro.

Porque, em meio a termos técnicos, jargões e toda a pressão que o mercado impõe em webinars e textos bonitos do LinkedIn, ver um conteúdo prático e dinâmico como este é, sem dúvida nenhuma, a certeza de ver o conhecimento desses dois incríveis profissionais se transformar em inspiração para o mercado.

Vendas e marketing, para mim, são dois assuntos grudados e em simbiose constante. E se você tem dúvidas disso, veja quantas vezes a palavra "prática" aparece aqui nas próximas páginas.

Você entenderá que precisa ser visto. Só que, se não conseguir ser lembrado, tudo vai para o ralo.

Afinal, todos somos mais do que leads. Somos humanos. Somos mais que uma linha de excel ou uma linha de código em um CRM. Somos vivos e passamos por poucas e boas nos últimos anos.

Em um mundo onde tudo é tão parecido, sem dúvida alguma se diferenciar passa pela simplicidade.

Como diria um artista que você com certeza conhece: "A simplicidade é o último grau da sofisticação." Eu não preciso nem dizer a quem é atribuída essa frase, você se lembra. E se não conhece, nem preciso dizer que você pode jogar no Google e descobrir.

Essa é a magia de vender, de fazer marketing e de construir negócios.

A vida é curta demais para complicar, e Rafa e Mamá mostram como energia, prática e execução fazem toda a diferença na sua fé, nos seus negócios e parcerias, em literalmente tudo o que você faz na vida!

Evite a leitura noturna de *Seja Visto e Lembrado*, pois, com certeza, a cada página e parágrafo sua cabeça borbulhará de ideias. Será difícil dormir.

Arregace as mangas e leia este livro de dia, é o conselho que dou. Será bem mais fácil sair da inércia e começar a executar.

Boas vendas. Crie e se reinvente com este livro.

Thiago Muniz
CEO da Receita Previsível®

Rafael Mendes

Sou Rafael Mendes, nascido em Cuiabá e criado em Tangará da Serra, Mato Grosso. A grande influência que tive na área de vendas foi minha mãe. Ela era gerente de uma loja de roupas e brinquedos, mãe solo até meus 5 anos de idade.

Eu me recordo que costumávamos passar as vésperas de Natal esperando a loja fechar. Daquele período me resta a doce lembrança de 1992, quando, ao final do expediente, ela sugeriu que eu escolhesse meu brinquedo e, naquele momento, ganhei a espada do Lyon dos Thundercats. Naquela época, eu tinha acesso a brinquedos que outras crianças não tinham graças ao trabalho da minha mãe, e já enxergava, com os olhos de uma criança, a grande magia de transformar demandas comerciais em vendas efetivas.

Com o passar dos anos, fui me desenvolvendo e me afastei da área comercial, ou ao menos era o que eu imaginava. Em 2008, fui para Curitiba estudar teatro, participei de festivais, gravei filmes. Com o tempo, percebi que aquele distanciamento do vendedor que existia em mim era muito menor do que eu mensurava. A relação entre o ator e o vendedor se dava na construção do personagem e na imersão no ecossistema para entender as particularidades do público. O sucesso de pesquisa e de interpretação trouxe grandes habilidades para atuar como vendedor.

Juntamente com minha busca pelo teatro, indo para Curitiba, também fui para fazer a faculdade de TI, curso em que me formei. Em 2010, conheci a Fabiana, minha companheira de vida e esposa, e, em

2011, nos casamos. Na época, eu trabalhava em uma empresa de tecnologia da informação.

Em 2015, ficamos grávidos de gêmeos e, infelizmente, perdemos os bebês. O aborto me deixou depressivo e resolvi sair da empresa em que trabalhava. Na ocasião, minha esposa também estava desempregada.

Naquele período, me deu um estalo de largar tudo para trabalhar com teatro, e fui dar aulas de interpretação em uma escola de teatro, sem formação e sem técnica, porque a situação financeira estava difícil, insustentável. Um dia, fiz uma ligação de um orelhão para a minha mãe, e ela falou para eu me posicionar pela família. No retorno para casa, pedi desculpas à minha esposa, que me disse para que eu voltasse a trabalhar, me descobrindo no que me realizava.

Decidi trabalhar com vendas. Esse movimento não foi fácil: voltar a ser estagiário aos 27 anos e com todas as minhas formações. Então, decidi empreender com um grande amigo que tinha um caminhão e vendia ovos e leite para panificadoras. Inicialmente, a ideia era trabalhar de graça. Acordava às 4h da manhã, visitava panificadoras e entregava mercadoria. Algumas referências me marcaram muito naqueles momentos de dificuldade e resiliência, e me recordo especialmente do livro *Salomão, o Homem mais Rico que já Existiu*, que me ensinou a diligência, a aproveitar o talento e a ser dedicado.

Devido ao meu perfil empreendedor e à inquietude de querer ver o negócio prosperar e se desenvolver mais, perguntei que produto adicional poderia vender. Meu amigo respondeu que pão de queijo seria uma ótima opção. Então, durante dois meses eu vendi pão de queijo batendo de porta em porta. Aprendi a não ter vaidade, pois certificados e estudo podem não valer de nada quando passamos por momentos financeiros difíceis.

Além de deixar a vaidade de lado, outra prática ajudou a me desenvolver: praticar corridas de rua, com resiliência e persistência, onde cada passo só depende de você. Nesses quilômetros, eu vivia o momento financeiro mais árduo da minha vida e sentia, por vezes, a falta de perspectiva em conseguir visualizar que a situação melhoraria.

Porém, junto com as dificuldades apareceu também a oportunidade de começar, na verdade recomeçar, na área comercial da Central Server, empresa de computação em nuvem. Comecei em uma posição inicial e, com o passar do tempo, fui convidado para a reestruturação da área comercial, graças a um voto de confiança de um sócio da empresa. Na mesma época, conheci o livro *Receita Previsível*, cuja metodologia me auxiliou em minha posição na área de vendas, o que me possibilitou implementar uma nova metodologia e me impulsionou ao cargo de gerente comercial.

Ao mesmo tempo em que crescia e ganhava espaço na Central Server, sentia a necessidade de ir atrás de novos desafios e buscar novas conquistas. Dentre as possibilidades, em janeiro de 2017, ou eu iria para São Paulo ou estudaria empreendedorismo. Minha esposa e eu decidimos tirar férias para aclarar as ideias e estabelecer novos rumos. Assim que voltamos, descobrimos que estávamos grávidos e, por infortúnio, sofremos outro aborto.

Considerei como um sinal divino para algo maior na minha vida e, em março de 2018, comecei a estruturar com um amigo a ideia de empreender. Esse amigo trabalhava no mercado financeiro, e, juntos, nossos conhecimentos se somavam. Já tínhamos o hábito de trocar ideias sobre técnicas de vendas, mas finalmente decidimos montar algo nosso, e, em 10 de maio de 2018, nasceu a RP Trader®, que atualmente é referência e líder em prospecção de vendas.

Como todo início, cada conquista foi fruto de muito suor e disciplina. Tínhamos um custo fixo alto e uma remuneração por comissionamento. Aos poucos, surgiram um investidor e um cliente que aportaram um capital que nos deu fôlego para dar continuidade às atividades da empresa. Nosso primeiro investimento foi em branding e assessoria de imprensa, e acreditávamos que a matriz de credibilidade seria nossa maior ferramenta comercial para conseguirmos conquistar novos clientes.

Essa matriz nos fala de confiança e visibilidade para ganhar notoriedade em um assunto. É importante que você seja visto e reconhecido pelo valor que pode agregar a seus clientes. Somente por meio da resposta às necessidades é que você será capaz precificar um produto que comercializa.

Juntamente com uma assessoria de imprensa, comecei a buscar instituições em que pudesse ser visto e reconhecido por meio dos conhecimentos que eu aplicava em meu negócio e, desta maneira, fui convidado a ser professor da Universidade Previsível, assim como professor de vendas, negociação e persuasão na escola Conquer, e também colunista de vendas no portal E-commerce Brasil. Disseminar meu conhecimento e aprender por meio da troca com meus alunos trazia maior visibilidade para o meu negócio e me fazia prosperar como referência na área comercial.

Além desses trabalhos de visibilidade e desenvolvimento no mercado, a assessoria de imprensa conseguiu me incluir em uma pauta na Rede Globo. Aquele velho sonho de aparecer na televisão, antes como ator, agora se concretizava por meio do empreendedorismo.

A pauta consistia em vender um cachecol, em um dia em que fazia 35ºC, para pessoas que passavam pelo Viaduto do Chá, em São Paulo. Esse desafio me mostrou o quanto eu era capaz de aplicar meus conhecimentos comerciais em diferentes frentes de negócio, pois minha empresa não praticava vendas B2C, mas sim B2B. Ainda assim, consegui vender dois cachecóis e permanecer por mais de sete minutos em rede nacional sem pagar ao menos um real.

Após o sonho de aparecer em rede nacional, estou realizando outro. O sonho de divulgar meus conhecimentos e colocá-los de forma concreta em um livro que possa ajudar as pessoas.

Mamá Brito

Sou Mamá Brito e compartilho com você a minha história até aqui, que não foi fácil. Minha família é de Vitória da Conquista – BA, e morei com meus avós em uma casa na beira da estrada Rio-Bahia, a BR 116. Nós morávamos em frente a um esgoto a céu aberto que parecia uma piscina quando chovia e se transformava em um parque aquático para mim.

Eu vivia muito na rua, era bom aluno, mas também participava de gangues que batiam em outros garotos. Essa foi a minha vida até mais ou menos meus 10 anos de idade. Minha mãe, que morava em Salvador, enviava dinheiro para meus avós, mas nessa época morávamos eu, meus avós e quatro tios. Era uma realidade de muita dificuldade e pobreza. Nós mal tínhamos o básico para o nosso sustento, não havia luxo nenhum.

Minha vida era como a dos meus avós, dos meus tios e da minha mãe, e eu não esperava muita coisa. Eu não era maltratado, nada disso, apenas seguia vivendo como meus familiares também haviam vivido até aquele momento. A vida sempre foi difícil, com pouco ou nenhum recurso, ajuda ou perspectiva de mudança. Olhando e entendendo essa realidade, eu não culpo meus familiares, porque essa era a realidade que eles conheciam e viviam.

Justamente por ter essa visão, eu sei que meus avós e minha mãe fizeram por mim o melhor que podiam com o que sabiam e com os recursos que tinham na época. Eu me vejo como responsável pela minha vida, pelo caminho que escolhi e pelos resultados que alcancei e alcanço até hoje, sejam bons ou ruins. E eu aconselho você a fazer o mesmo.

Liberte-se de situações difíceis do seu passado, não deixe que isso o paralise e impeça de seguir em frente e agir. Assim você tomará as rédeas da sua vida para que possa buscar e conquistar o que deseja, para que você se torne responsável pela sua jornada e pelo que quer construir como legado.

Como eu sei que essa mudança de perspectiva e atitude não é algo fácil de ser feito, contarei mais um pouco da minha história.

Eu não conheci meu pai. Ele e minha mãe se separaram devido a alguns desentendimentos que tiveram, entre eles o fato de meu pai ter pedido para minha mãe fazer um aborto quando estava grávida de mim. Porém sou extremamente grato por ter crescido com a minha tia Rosimar Brito de Andrade e o senhor Hermes, que me registrou depois e, na verdade, é o meu grande pai de verdade que me criou e que eu tanto amo.

Em uma ocasião, meu pai biológico queria me visitar para me entregar um presente de aniversário, e minha mãe não só não permitiu, como fez tudo o que pôde para impedir que esse encontro acontecesse. Ela era uma mulher autossuficiente e independente, não queria se submeter a ninguém, muito menos ao meu pai. Ela acreditava que poderia cuidar de tudo e todos sem ajuda, inclusive de mim.

Esse comportamento dela teve consequências na pessoa que me tornei e nos meus relacionamentos. Inconscientemente, eu me sentia e me comportava como ela. Eu me via como um homem independente e autossuficiente, a ponto de não aceitar quando, por exemplo, uma namorada discordava de mim ou propunha compartilhar qualquer coisa. Isso já era motivo para eu terminar o relacionamento e me afastar. Nessa época, eu acreditava que nada era culpa minha, eu não me responsabilizava pelo que não dava certo na minha vida. Transferi essa culpa para as outras pessoas, por sentir que elas não me compreendiam e não aceitavam a minha maneira de pensar.

Isso me afastou de muitas pessoas, especialmente de mim. Era uma forma de proteção que se transformou em um isolamento do mundo e de mim. Esse isolamento me roubava qualquer possibilidade de me arriscar, de mudar, de me adaptar a situações e, consequentemente, de buscar viver a minha vida de maneira plena e saudável.

Foi um processo eu entender e admitir que agir daquele jeito estava me fazendo mal. Foi um processo reconhecer que eu não precisava me culpar, mas que era essencial eu me responsabilizar pelos frutos que estava colhendo com as minhas atitudes e escolhas. Foi difícil mudar, sair de um acomodamento e me mover para ver o ponto de vista das outras pessoas. Assim, pude entender que cada um é diferente e único, que todos acertam e erram durante a vida.

Pensando dessa maneira e, mais do que isso, vivendo assim, eu pude perceber que não precisava me isolar, me sentir sozinho no mundo, que minhas ideias eram únicas e que eu poderia compartilhá-las com outras pessoas, e que, em contrapartida, as pessoas também poderiam compartilhar as ideias delas comigo. Isso faz com que hoje eu viva plena e saudavelmente a minha vida, me conectando com as pessoas, falando e ouvindo o que elas têm a me dizer.

Considerando esse meu aprendizado pelo caminho da vida, percebo a importância das conexões na vida pessoal e profissional, e neste livro eu o ajudarei a entender como você e a sua empresa poderão ser lembrados por meio da construção de uma boa relação interpessoal.

O aprendizado que tive quando me abri para me conectar às pessoas foi fundamental para as conquistas e realizações que alcancei na minha vida, além do que busco realizar para ajudar outras pessoas a alcançarem seus objetivos.

Hoje tenho mais de quinze anos de experiência em vendas, marketing e mentoria de negócios, além das licenças como treinador comportamental, motivacional e hipnoterapia. Meu foco é o desenvolvimento humano por meio de um plano de ação, com ferramentas cientificamente comprovadas que ajudam meus clientes a alcançarem seus objetivos, desenvolvendo a inteligência emocional. Além disso, ministro cursos, que pretendo levar para o exterior, sou empresário e sócio-proprietário da CWB Sports. Atuo, ainda, como master coach de atletas de alto rendimento, como Rogério Minotouro e Rodrigo Minotauro, a quem auxilio e incentivo emocionalmente.

Em 2022, idealizei e realizei em 25 dias, como CEO, o FMS (Fight Music Show), em Balneário Camboriú, em Santa Catarina, um grande evento que uniu entretenimento, música e luta e reuniu lutadores de MMA e UFC, artistas, músicos e influenciadores digitais, como Whindersson Nunes e os lutadores Popó e Minotouro, e com shows de celebridades, como Wesley Safadão e outros. A ideia desse evento veio da minha observação de outros eventos pelo mundo, que me fizeram pensar no quão interessante seria unir show, luta e entretenimento, com a presença de nomes de peso entre influenciadores e lutadores. Mesmo com um prazo curto para torná-lo realidade, o meu conhecimento em marketing, o networking, uma boa equipe de trabalho e um planejamento impecável tornaram o FMS não apenas possível, mas um sucesso. Não contente com esse sucesso, enchi um estádio de futebol, o do Athletico Paranaense, sendo o responsável por todo o processo de vendas. Após isso, entendi que o caminho do esporte e o do entretenimento se cruzavam, e criamos uma holding de operações de lutas e entretenimento, como o Face Slap Show (Campeonato de Tapa na Cara), Liga de MMA e também o consagrado FMS (Fight Music Show).

Esse caminho, que contei anteriormente e que fiz para dentro de mim, me ajuda a construir relações importantes e sólidas. Eu me tornei o que sou hoje porque assumi a responsabilidade pelas minhas escolhas e me abri para o mundo, para viver experiências que nunca viveria se tivesse me mantido refém do meu passado e dos meus medos.

Introdução

O livro será dividido em duas partes, e nossa jornada se dividirá em ser visto e ser lembrado. Dividiremos os dois pilares entre nós a partir de nossas referências e de nossos históricos de atuação em nossos respectivos mercados de trabalho, agregando o que de melhor aprendemos em cada um desses contextos.

Para que você seja visto, precisa partir do conceito inicial de que as pessoas precisam sentir a necessidade de conhecê-lo por algo que você possa agregar a elas. Esse conceito de Maslow também pode ser complementado pelo entendimento de que existem alguns testes para que uma ferramenta seja considerada eficaz e possa cumprir totalmente a função à qual se destina, ganhando, assim, credibilidade em sua funcionalidade.

> *"Sempre há uma melhor forma para se fazer qualquer coisa, e os Growth Hackers não adivinham, eles testam."*
>
> Sean Hellis, CEO da GrowthHackers

Sempre existe uma forma diferente de fazer algo, sempre existem saídas para uma situação de adversidade, sempre existem novos mecanismos para a aquisição de novos clientes. São esses mecanismos e esse leque de opções que trabalharemos no pilar "Seja Visto". Percorreremos diversos canais e mostraremos como se materializa a experiência do consumidor final ao buscar determinado canal e de que maneiras ele pode ser uma ferramenta para o seu negócio.

No mundo globalizado, temos diferenças substanciais em relação a como as grandes empresas conseguiram chegar a seus valores milionários e como utilizaram canais de aquisição para isso. A título de exemplo, temos empresas como Xerox, IBM, Virgin, Kodak, com imenso valor de mercado e que demoraram muito tempo para chegar ao valor de um bilhão.

Em outro pilar, temos o Facebook, Instagram, Dropbox, Square, Pinterest, Snapchat, que são bilionárias também, mas escalaram ao valor de mercado em um período de tempo muito menor. Essas empresas dominaram os canais de aquisição e os usuários de suas plataformas, fazendo com que sejam lembradas.

Diante dessa comparação, a missão deste livro é conhecer o que é e como implementar os melhores canais de aquisição de clientes para acelerar o crescimento de sua empresa, fazendo com que ela se mantenha no subconsciente de seu cliente e ele sempre se lembre de você.

Para que você tenha sua missão comercial clara, é importante se lembrar de que:

> *"A maioria dos vendedores acredita que a venda acaba após a assinatura do contrato. Para mim, a venda começa neste momento."*
>
> Joe Girard, maior vendedor de todos os tempos, segundo o Guinness Book, 1997

Além de descobrir quais são os melhores canais para seu negócio, é importante que você saiba que somos mais propensos a sermos influenciados por pessoas que admiramos, que se pareçam conosco, que são agradáveis, nos elogiam e cooperam conosco. Por esse motivo, o canal de maior afinidade com seu público será o canal onde você terá maior sucesso.

Um canal surge como ferramenta para prospectar e descobrir novas oportunidades reais de vendas. A prospecção prevê áreas propícias para se encontrar tais recursos, um conceito que vem da geologia. A prospecção prevê que buscar seu cliente-alvo é sair buscando sua mina, tendo a inteligência comercial para identificar esse alvo e delimitar os caminhos pelos quais deseja conversar com esse público.

Como dito anteriormente, quando mencionamos testes para comprovar a eficácia dos canais, é importante que existam momentos de validação de mercado e de aderência ao mercado. Além de entender quem seria um possível cliente, é necessário que você entenda e conheça profundamente a necessidade de quem busca por determinado produto/serviço. A partir desses estudos, será possível determinar sua estratégia de prospecção.

Nós a chamamos de Matriz Seja Visto e Lembrado, que pode ser usada para qualquer tipo de negócio, apesar de ter sido pensada e desenhada para pequenas empresas que têm baixo orçamento e uma vontade grande de escalar suas vendas.

Explicaremos como ela funciona na prática e quais pontos precisamos considerar para que um negócio, a partir dessa matriz, comece a promover testes e ações em prol de resultados concretos no mercado.

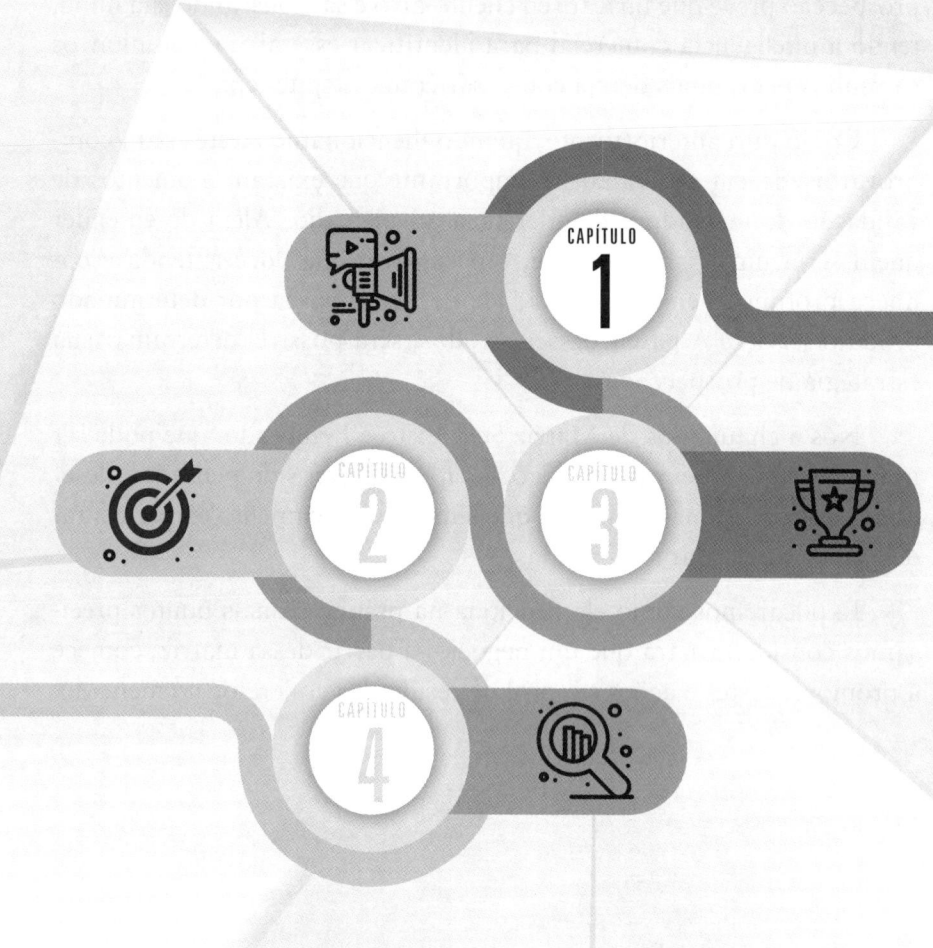

CAPÍTULO 1

Matriz Seja Visto e Lembrado

A Matriz Seja Visto e Lembrado, que apresentaremos a seguir, ajudará você a ver os pontos importantes a serem considerados para compreender em qual "lugar" está sua empresa e quais mudanças precisam ser feitas para que ela alcance o nível ideal e seja, de fato, Vista e Lembrada no mercado.

Figura 1 • Matriz Seja Visto e Lembrado

Não está sendo visto, porém é lembrado!			Visto e Lembrado!
	3 Boa Afinidade Baixa Visibilidade	**1** Boa Afinidade Alta Visibilidade	
Nem visto e nem lembrado!			É visto, porém não será lembrado!
	4 Má Afinidade Baixa Visibilidade	**2** Má Afinidade Alta Visibilidade	

Figura 2 • Seja Visto

VISIBILIDADE

Não está sendo visto, porém é lembrado!

3
Boa Afinidade
Baixa Visibilidade

Nem visto e nem lembrado!

4
Má Afinidade
Baixa Visibilidade

- Inbound marketing
- E-mail marketing
- Propaganda
- Influenciadores digitais
- Marketing viral
- Marketing de conteúdo
- Blog
- SEM
- Marketing de comunidade
- Ads offline
- Marketing de afiliados
- Assessoria de imprensa
- Eventos
- Feiras de negócios
- Panfletos e cartões de visita impressos
- Outdoor
- Rádio
- Chatbot e inteligência artificial
- Prospecção outbound
- Prospecção outbound através do LinkedIn
- Gamificação como estratégia para impulsionar seu time de prospeção
- Negócios com network

Figura 3 • e Lembrado

- Ter bom atendimento
- Melhorar produtos e serviços
- Gatilhos Mentais
- As 21 leis do vendedor extraordinário

AFINIDADE

Nem visto e nem lembrado!

4
Má Afinidade
Baixa Visibilidade

2
Má Afinidade
Alta Visibilidade

É visto, porém não será lembrado!

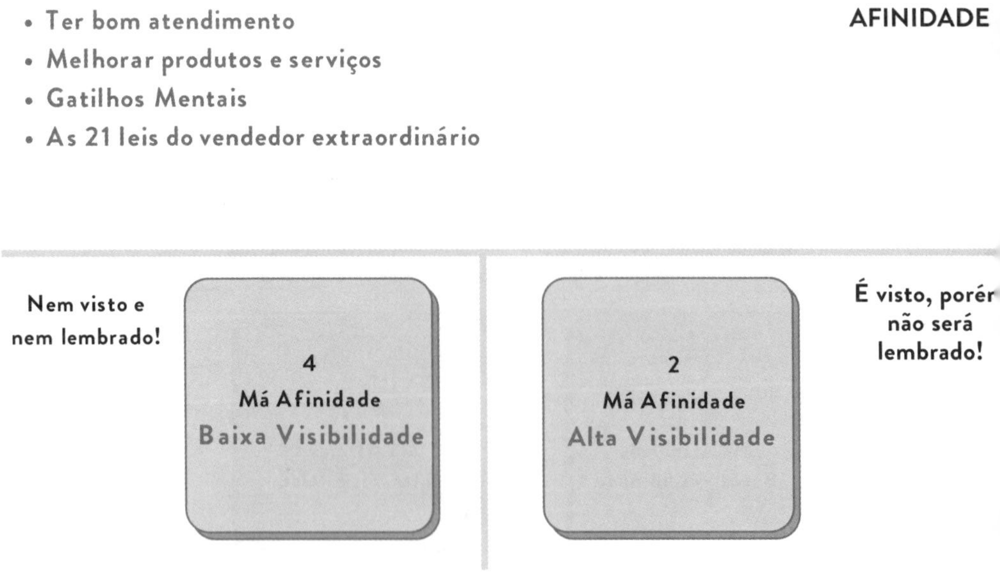

A construção de uma marca deve considerar dois pontos essenciais para que uma empresa alcance resultados concretos e se mantenha ativa e com sucesso. Esses dois pontos são VISIBILIDADE e AFINIDADE e estão diretamente relacionados a este livro. Podem ainda parecer uma incógnita, mas a seguir, tudo ficará mais claro.

Uma marca ou empresa, seja pequena ou grande, de qualquer segmento, precisa construir uma imagem no mercado. Essa imagem terá de ser validada pelos parceiros e clientes dessa marca. Sim, a percepção que o "outro" tem de uma marca faz com que ela tenha destaque. O objetivo é sempre ser percebido positivamente. Uma empresa que constrói uma boa percepção e sabe "se vender" conseguirá exatamente o que nós queremos, que seja VISTA e LEMBRADA.

Mas como isso pode se tornar realidade na sua empresa?

Apresentamos a nossa Matriz Seja Visto e Lembrado. Ela considera os dois aspectos que citamos, AFINIDADE e VISIBILIDADE, além de algumas combinações que demonstram a percepção de uma marca no mercado e o quanto ela é conhecida, especialmente pelo público que deseja alcançar, conquistar e manter como cliente.

A seguir, vejamos quatro combinações desses aspectos.

 ## 1ª COMBINAÇÃO: BOA AFINIDADE X ALTA VISIBILIDADE

Essa é a combinação de profissionais bem-sucedidos e o tema central deste livro. Então, fique atento!

Profissionais de sucesso não alcançam esse patamar apenas por bons resultados, mas porque sabem combiná-los com seu comportamento. Aliás, é o comportamento que leva aos resultados que todos os profissionais empreendedores buscam.

Figura 4 • 1ª Combinação: Boa Afinidade x Alta Visibilidade

Um dos pontos-chave para construir a boa afinidade de um negócio começa com empresários que saibam construir boas relações por meio de profissionalismo, seriedade e competência. Obviamente, há pessoas que são naturalmente carismáticas. Porém, todas essas habilidades podem ser desenvolvidas para que a impressão sobre uma empresa seja positiva. Além disso, é claro que não adianta ter um comportamento agradável se o atendimento e os produtos ou serviços de sua empresa não agradam a seus clientes. Então, é preciso treinar colaboradores e investir na qualidade do que sua marca se propõe a oferecer ao mercado e a seu público-alvo. Tudo isso ajudará na construção de uma boa aprovação.

Essa boa aprovação, gerada por comportamento, atendimento e serviços ou produtos ofertados, acaba fazendo com que as pessoas falem bem de uma empresa. O "boca a boca", que pode acontecer também na internet, seja em fóruns ou nas redes sociais, é o que gera a alta visibilidade. Ou seja, sua empresa inicia o caminho para a boa visibilidade construindo uma boa afinidade.

Essa combinação é a ideal, o objetivo que as empresas devem ter e, mais do que isso, manter. O trabalho de construção de boa afinidade e alta visibilidade deve ser constante. Isso demanda trabalho e atualização, porque as novidades e exigências do mercado estão sempre se movendo, e sua empresa deve acompanhar esse movimento.

Tenha em mente que alcançar tal combinação dará grande força à sua marca no mercado. Ela será lembrada como referência em seu segmento, o que gerará oportunidades de negócio.

2ª COMBINAÇÃO: MÁ AFINIDADE X ALTA VISIBILIDADE

Figura 5 • 2ª Combinação: Má Afinidade x Alta Visibilidade

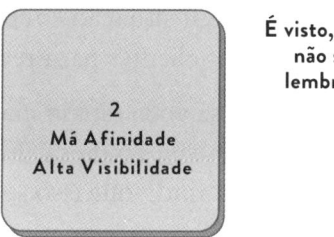

A segunda combinação não é boa porque, apesar de a empresa ser conhecida, ou seja, ter alta visibilidade, não é lembrada o suficiente. Isso pode acontecer por diversas questões, como mau atendimento e produtos ou serviços sem a qualidade esperada e prometida.

Nesse caso, de nada adianta que muitas pessoas conheçam uma empresa se a impressão que têm sobre ela é negativa. Essa combinação fecha portas, não gera oportunidades e os resultados esperados não são alcançados no longo prazo. Isso porque um cliente pode comprar uma vez de uma marca com alta visibilidade, mas se tiver algum problema no decorrer da compra (antes, durante e/ou depois), não comprará novamente.

Além disso, clientes insatisfeitos falam de sua insatisfação com outras pessoas. Ou seja, a alta visibilidade unida à má afinidade de uma empresa é uma combinação extremamente nociva. Uma marca não sobreviverá por muito tempo no mercado se não construir uma boa afinidade e mantê-la ao longo do tempo.

Por fim, ainda que mudanças sejam realizadas para reparar a má afinidade de uma empresa, é difícil reconstruir uma imagem quando ela é ruim, ainda mais em um momento em que a internet "espalha" as informações com extrema rapidez. Obviamente, se sua empresa estiver em um momento de má afinidade, você não deve desistir, mas saiba que para mudar essa situação serão necessários paciência, tempo e muito trabalho.

Diante de uma má afinidade, é necessário olhar atentamente para o que levou a essa situação e reparar os erros cometidos. É importante saber ouvir seus clientes para realizar os ajustes necessários.

Portanto, se você está iniciando um negócio, é essencial que cuide da afinidade da sua empresa. É melhor prevenir os possíveis erros do que repará-los, ainda que isso seja possível.

3ª COMBINAÇÃO: BOA AFINIDADE X BAIXA VISIBILIDADE

Figura 6 • 3ª combinação: Boa Afinidade x Baixa Visibilidade

Não está sendo visto, porém é lembrado!

3
Boa Afinidade
Baixa Visibilidade

Essa combinação acontece quando uma empresa realiza um bom trabalho, oferece serviços e produtos que agradam seus clientes, mas ainda não é conhecida por um grande número de pessoas. Há muitas companhias nessa situação e isso é um obstáculo para o crescimento. Nesses casos, é importante investir no que a fará ser vista, ou seja, é preciso aprender a vender sua marca.

A boa notícia é que uma empresa com boa afinidade consegue oferecer produtos, serviços e atendimento que constroem uma boa imagem aos olhos dos clientes. Eles podem falar dela, divulgá-la, mas isso, apesar de ser muito importante, não basta.

O que precisa ser feito para aumentar a visibilidade é investir em divulgação, em canais de aquisição. Isso pode (e deve) ser feito com planejamento, a partir dos meios onde seu público-alvo está presente. A escolha dos canais onde as ações e campanhas de marketing serão feitas é fundamental para que sejam eficientes e gerem resultados para sua empresa.

Mas fique tranquilo! Mais adiante explicaremos detalhadamente como você poderá selecionar os canais para aplicar as ações de marketing para fazer sua empresa alcançar, além da boa afinidade, também a alta visibilidade no mercado.

4ª COMBINAÇÃO: MÁ AFINIDADE X BAIXA VISIBILIDADE

Figura 7 • 4ª combinação: Má Afinidade x Baixa Visibilidade

Nem visto e nem lembrado!

4
Má Afinidade
Baixa Visibilidade

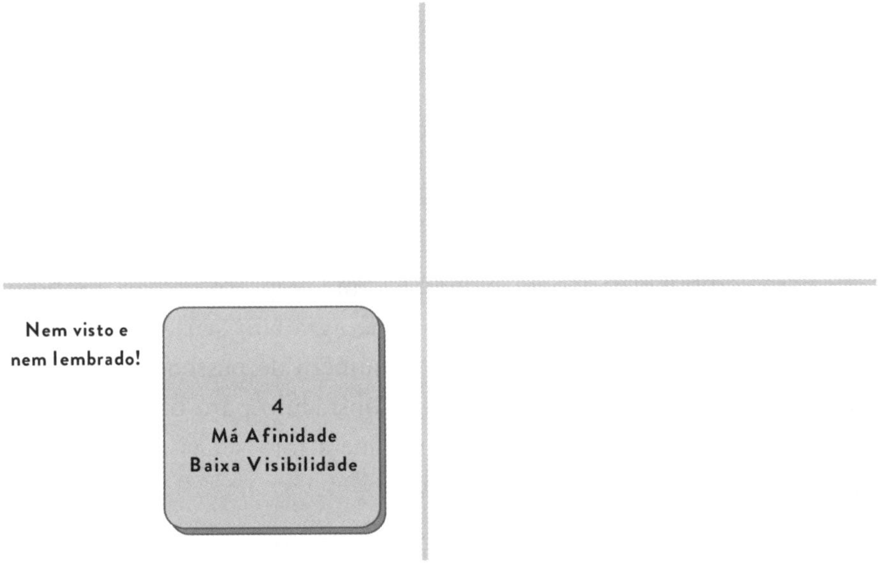

Como você pode imaginar, essa combinação é a pior de todas as que apresentamos.

Uma empresa que tem uma má afinidade muito provavelmente não tem bom atendimento e nem bons produtos e serviços. Por isso, seus clientes não voltam a comprar dela, e ainda falam de sua insatisfação, para que seus conhecidos também não comprem.

A boa notícia é que se a visibilidade também é baixa, é mais fácil construir uma boa afinidade, ou seja, reparar os danos, antes que sua empresa passe a ser mais conhecida no mercado.

Nesse caso, é importante fazer o árduo trabalho de elevar a qualidade do atendimento e do serviço ou produto que você oferece, para, aos poucos, ir conquistando novos clientes e, quem sabe, reconquistando ex-clientes.

Depois de recuperar ou reconstruir a afinidade da sua marca, é hora de investir na visibilidade. Isso deve ser feito por meio de ações de marketing bem planejadas e de acordo com os canais onde está seu público-alvo.

CAPÍTULO 1

CAPÍTULO 2

CAPÍTULO 3

CAPÍTULO 4

CAPÍTULO 2
Seja Visto

Neste capítulo, consideramos que sua empresa precisa melhorar a VISIBILIDADE, ou seja, ações práticas precisam ser realizadas para que seus clientes olhem, se sintam atraídos, se aproximem e comprem o que é oferecido.

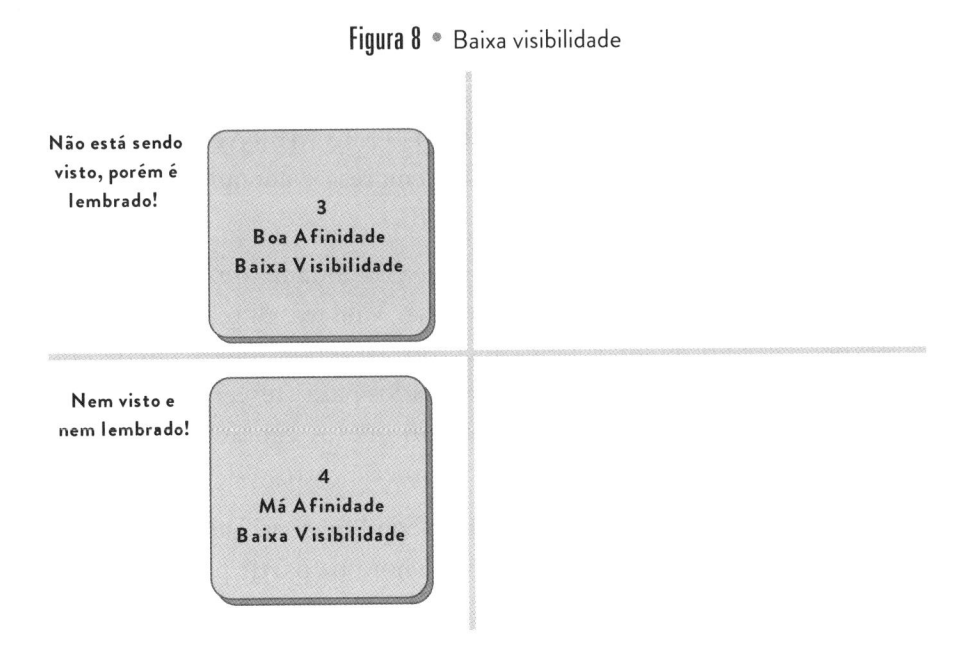

Figura 8 • Baixa visibilidade

Não está sendo visto, porém é lembrado!

3
Boa Afinidade
Baixa Visibilidade

Nem visto e nem lembrado!

4
Má Afinidade
Baixa Visibilidade

Para iniciar esta primeira parte do livro, cujo objetivo é mostrar como você e sua empresa podem SER VISTOS, apresentaremos os canais de aquisição disponíveis atualmente.

SEJA VISTO – "ACERTE NA MOSCA"

O que é?

☑ Encontre os melhores canais de aquisição.

Como posso usar?

☑ Defina o foco da sua estratégia.

COMO DEFINIR OS CANAIS DE AQUISIÇÃO?

Fórmula:

☑ CLIENTES _____ ☑ CANAIS DE VENDAS

Ou seja, **SAIBA ONDE SEUS** (☑ CLIENTES) _____ **ESTÃO E O QUE ACESSAM** (☑ CANAIS DE VENDAS).

Como dissemos, a matriz SEJA VISTO E LEMBRADO tem como objetivo auxiliar você a olhar para sua empresa e entender como melhorar a VISIBILIDADE e a AFINIDADE.

Nesta primeira parte, falaremos da visibilidade, ou seja, dos canais onde você pode divulgar sua empresa. Vale ressaltar que esse processo de seleção dos canais de divulgação serve tanto no início de um projeto (startups), que precisam de resultados para crescer no mercado, quanto para projetos em andamento, em que os canais já utilizados apresentam uma diminuição de performance e entrega de resultados.

A estrutura dessa matriz tem quatro combinações. Depois de saber em qual lugar sua empresa se encontra, é hora de partir para a ação.

É muito importante conhecer os canais disponíveis para escolher os que podem trazer mais resultados e visibilidade a seu negócio.

Figura 9 • Canais de aquisição.

comunidades	plataformas existentes	assessoria de imprensa	marketing viral
palestras e aulas	programas afiliados	blogs de segmentação	SEM (Search Engine Marketing)
publicidade off-line	eventos off-line	vendas	engenharia como marketing
marketing de conteúdo	SEO (Search Engine Optimization)	trade shows	desenvolvimentos de negócios
e-mail marketing	anúncios em redes sociais	relações públicas não convencionais	

Fonte: Gabriel Weinberg e Justin Mares (*Traction: how any Startup Can Achieve Explosive Customer Growth*)

Para grande parte das empresas, investir e testar os canais não é possível, seja por ter uma equipe pequena ou por ser um investimento muito caro. Por isso, você deve selecionar aqueles que poderá testar de fato. Caso sua empresa já utilize algum canal de aquisição, é importante testar outros ainda não utilizados, para analisar sua performance. Nesse processo, é possível descobrir que ajustes precisam ser feitos tanto para projetos que estão em andamento em empresas já ativas no mercado quanto para empresas que ainda estão iniciando suas atividades.

Para escolher quais canais testar, é preciso avaliá-los. Isso pode ser feito a partir dos critérios de **impacto, confiança e esforço (ou facilidade)** de cada um. Ou seja:

1. Qual impacto será gerado no seu negócio.
2. O quanto você e sua equipe, com base em seus conhecimentos, confiam em cada canal.
3. Qual a facilidade para testar cada um.

Depois de avaliar cada canal dessa maneira (com notas de 0 a 10 para cada critério), você faz uma média e escolhe aqueles mais viáveis para sua empresa. Após a seleção, esses canais potenciais devem ser testados.

Testar os canais exige gerar e analisar dados, pensando nos objetivos e resultados que podem trazer para sua empresa. Para isso, é necessário ter orçamento para investir em cada canal. Com os dados gerados em mãos, você e sua equipe poderão avaliar o que deu certo, o que deu errado e por que determinado canal trouxe mais resultados que outro.

Na última etapa, você escolherá dois ou três canais, "filtrados" na fase anterior, para investir por um tempo mais longo. Tanto para empresas que estão começando quanto para as que já estão há mais tempo na ativa, é possível, e até provável, que, depois de um tempo, um canal de aquisição traga os melhores resultados, recebendo de 70% a 80% da receita destinada para esse fim.

É importante ressaltar que os resultados de que estamos falando são conversões, vendas, assinaturas e cadastro de potenciais clientes. Ou seja, o objetivo neste momento é se dedicar aos canais que geram receita para a empresa.

Mesmo tendo escolhido e investido nos canais (ou canal) de melhor performance, o trabalho de análise de resultados e possíveis ajustes e mudanças precisa ser constante.

Vale ressaltar ainda que, antes de colocar em prática qualquer ação, é essencial que você conheça muito bem a realidade do seu negócio:

Qual é o propósito da sua empresa?

Quais fraquezas do seu produto precisam ser resolvidas?

Busque esse olhar crítico e integral do seu negócio para oferecer sempre o melhor para o seu cliente, seja ele o consumidor final ou outra empresa.

Olhe também, é claro, para o seu público-alvo, suas dores e sua jornada, para saber como se comunicar de maneira eficiente e, assim, alcançar as conversões de sucesso que você busca.

Seus vendedores devem saber de cor e salteado a proposta de valor da sua empresa!

- Qual é a proposta de valor do seu negócio?
- Que problema seu produto/serviço resolve?

⚠ Fórmula da **PROPOSTA DE VALOR:**

"Meu negócio _____ ajuda as pessoas/ empresas a _____."

SIGA O MESTRE: MÃO NA MASSA!

- Quem é o meu público-alvo/persona?
- Preencha o quadro a seguir.

⚠ CARACTERÍSTICAS DEMOGRÁFICAS:

(idade, escolaridade, ocupação/área de atuação, região, gênero, estrutura familiar, classe social)

Preencha a seguir:

⚠ ONDE ENCONTRAMOS?

Onde é possível encontrar essa pessoa (no mundo real e virtual)? Como ela busca por informações? Em quem confia? Quais suas referências?

Preencha a seguir:

Momento de vida, motivações e objetivos atuais:

Preencha a seguir:

Comportamentos e atitudes:

Preencha a seguir:

⚠ VALORES:

(o que essa pessoa valoriza)

Preencha a seguir:

⚠ DESAFIOS:

(dores atuais em relação a seu objetivo de venda)

Preencha a seguir:

_____
_____
_____
_____
_____
_____
_____
_____
_____
_____
_____

Feito isso, vamos aos canais de aquisição.

Como parte dos estudos para este livro, buscamos investigar os meios que podem ser utilizados por nossos clientes e por empresas que buscam impulsionar suas vendas. Esse processo possibilitou conhecer alguns canais que nunca utilizamos e explorar seu potencial para compartilhar conhecimentos e primeiras impressões, além da experiência com canais já explorados. Vejamos todos eles.

INBOUND MARKETING

O Inbound Marketing é muito utilizado atualmente para ajudar as empresas a vender mais com um custo de vendas menor que o do Marketing Tradicional e pode ser a solução para encontrar seus clientes e alavancar suas vendas.

No Marketing Tradicional, podemos citar a distribuição de panfletos ou o contato direto com pessoas, sem que necessariamente elas estejam interessadas em seu produto, então você acaba perdendo tempo e dinheiro sem obter os resultados esperados.

A boa notícia é que o mesmo valor utilizado no Marketing Tradicional pode ser direcionado ao Inbound Marketing, gerando mais resultados em vendas para seu negócio. Um exemplo de como fazer o Inbound Marketing é o impulsionamento de uma publicação em redes sociais, como o Facebook e o Instagram, por exemplo, com a diferença de que, nesse caso, você poderá direcionar a publicação por meio da segmentação de público.

Desse modo é possível selecionar localização, interesses, idade, perfil, gênero e outras informações. Assim você consegue alcançar seu público-alvo com mais eficiência e objetividade, otimizando seu investimento.

Na prática, para fazer o Inbound Marketing, a empresa deve investir em conteúdo de interesse para seu público e distribuí-lo em buscadores, como o Google, em blogs e nas redes sociais como Instagram, Facebook e LinkedIn, por exemplo. O conteúdo tem variadas possibilidades e formatos, como vídeos, e-books, textos, manuais, desde que trate do objeto do seu negócio. Isso é o que guiará seu potencial cliente a passar pelas cinco etapas-chave do Inbound Marketing.

Vamos entender quais são elas?

1 – Atrair

Criação de conteúdo gera autoridade sobre um assunto, ou seja, quem tem acesso a ele transforma o olhar sobre sua marca. Se você entrega conteúdo, demonstra que entende do produto ou serviço que oferece e, portanto, atrai o interesse das pessoas pela sua marca.

Nessa etapa, é importante pensar que o foco do conteúdo não é divulgar a sua empresa (não de maneira direta), mas oferecer informações relevantes para as pessoas que se interessam pelo assunto. Dessa forma, essas mesmas pessoas poderão encontrar sua marca, sabendo que você entende do assunto e entrega conteúdo de interesse.

Bem, o conteúdo relevante é importante, mas ele, por si só, não gera vendas. Por isso, é essencial conhecer quem são as pessoas que o consomem, para saber quais podem se transformar em clientes reais da sua marca, o que nos leva à segunda etapa.

2 – Converter

Na etapa "Converter", você precisa encontrar seus potenciais clientes, e uma maneira de fazer isso no Inbound Marketing é continuar criando conteúdo, desta vez de modo mais específico e aprofundado.

Além disso, para que o interessado tenha acesso a esse conteúdo, você pode oferecê-lo em troca de alguma informação, como o e-mail. Assim, para baixar um e-book, é preciso que a pessoa informe seu e-mail. Essa ação filtra aqueles que se interessam mais pelo assunto e, consequentemente, pelo produto ou serviço que sua empresa oferece. É a chave para reconhecer os leads, ou potenciais clientes da sua marca, e o que abre a porta para a próxima etapa: o relacionamento.

3 — Relacionar

Ao reconhecer os leads, é preciso entender que nem todos estão na mesma fase, ou seja, podem ter interesse no seu conteúdo, mas ainda não estar na fase de comprar seu produto ou serviço. Por isso, é essencial continuar nutrindo-os com conteúdo, para construir um relacionamento, aproximando-os cada vez mais da sua marca.

Podemos pensar na lógica de como nos relacionamos e nutrimos nossas relações na vida pessoal. Buscamos alimentar nossos relacionamentos por meio de assuntos de interesse dos nossos amigos e das pessoas de que gostamos, seja enviando textos, músicas ou até memes.

Essa mesma lógica pode ser aplicada no relacionamento com nossos leads. Quais assuntos você pode usar para fortalecer a relação? Quais conteúdos pode enviar para que avancem na jornada de compra?

Quando falamos de avançar na jornada de compra, é importante ir aprofundando esses conteúdos, de modo a também aprofundar e fortalecer a relação com os leads e, consequentemente, aproximá-los do seu produto ou serviço, esclarecendo também os motivos pelos quais sua empresa soluciona um determinado problema, passo essencial na jornada de compra.

Portanto, esse relacionamento bem nutrido e aprofundado, que aproxima os leads da sua empresa, eleva as chances de eles avançarem até se tornarem clientes, o que nos leva à quarta etapa: vender!

4 — Vender

A transformação dos leads em clientes pode acontecer de diversas maneiras. E a pergunta que fica é:

Quando sei que um lead quer comprar o que eu ofereço?

Bem, se ele baixar um material no seu site, visitar sua página de preços ou pedir um orçamento, quer dizer que o interesse dele está aumentando e há grandes chances de se tornar um cliente em breve.

Quando isso acontece, você deve entrar em contato para mostrar que seu produto resolve o problema dele.

É importante saber que no Inbound Marketing você vai mostrando aos poucos ao seu lead como seu produto ou serviço pode ajudá-lo. Isso acontece por meio de conteúdos que o tragam para perto da sua empresa e, consequentemente, o levem a avançar na jornada de compra até que você faça um contato mais direto para realizar a venda.

Após a venda, vem a última (e extremamente importante) etapa: Analisar.

5 – Analisar

Como dissemos, no Inbound Marketing, é possível medir cada ação e eficiência, por meio de dados e relatórios, utilizando ferramentas que reúnem essas informações e facilitam o processo de análise de resultados. Portanto, essa etapa ajuda você a entender o que aprimorar em seu processo de venda, para que continue vendendo e melhore cada vez mais seus resultados.

Todas essas etapas constituem o que chamamos de Funil de Vendas. O objetivo desse funil é transformar Visitantes em Leads, Leads em Oportunidades, e Oportunidades em Vendas. Seguindo essas cinco etapas, é mais fácil e eficiente entender o que funciona, o que não funciona, como se comportam seus leads na jornada de compra até se tornarem clientes e como a sua empresa pode se aproximar de quem realmente pode gerar resultados concretos, ou seja, quem realmente comprará seu produto ou serviço.

SIGA O MESTRE: MÃO NA MASSA!

⚠️ **Faça uma pesquisa com seu cliente/persona ideal com o objetivo de identificar os seguintes itens:**

   A. Quando ele busca informações profissionais sobre problemas do dia a dia, quais veículos digitais acessa? *(site do fabricante, Google, redes sociais, YouTube, WhatsApp, Telegram, outro)*
   B. Realize a pesquisa com vinte potenciais clientes.
   C. Durante essa pesquisa, é fundamental fazer perguntas que retirem o máximo possível de informações.
   D. Insira esses dados em uma planilha e faça a comparação das respostas.
   E. Os veículos com maior repetição serão aqueles em que você deverá investir inicialmente.

⚠️ **Pesquise seus principais concorrentes:**

   A. Como se posicionam no mundo digital?
   B. Qual o nível de engajamento das pessoas que consomem o conteúdo que eles produzem?
   C. Realize a pesquisa com ao menos três potenciais concorrentes.

⚠️ **Pesquise fornecedores para ajudá-lo na implantação de ações de Inbound Marketing:**

   A. Realize a pesquisa com cinco potenciais fornecedores.
   B. Apresente o resultado de suas pesquisas.

C. Solicite a cotação baseado em seu aprendizado com as duas primeiras ações.
D. Verifique a reputação dos cinco fornecedores cotados.
E. Solicite cases de sucesso aos cinco fornecedores.
F. Envie o contrato de prestação de serviço dos cinco fornecedores a uma análise jurídica.
G. Com base nas análises (A, B, C, D, E, F), escolha a empresa em que sentiu mais confiança.
H. Solicite, semanalmente, métricas de desempenho.
I. Caso o Inbound Marketing seja um dos canais de aquisição que você testará, fique atento a qual estágio de visibilidade sua empresa alcançará nos próximos meses (Alta ou Baixa).

E-MAIL MARKETING

Um dos canais de aquisição do Inbound Marketing é o E-mail Marketing, uma maneira de fazer com que as pessoas conheçam sua empresa e possam se aproximar graças ao interesse pelo conteúdo recebido por e-mail. Existem alguns tipos de E-mail Marketing que podem ser utilizados, vamos a eles.

Newsletter

A newsletter é um e-mail informativo. Nele podem ser apresentados algumas promoções, novidades da empresa ou até mesmo textos do seu blog.

E-mails promocionais

Esporádicos e não contínuos, são e-mails enviados para divulgação em casos como promoções, lançamentos de produtos ou informações mais urgentes.

E-mails sazonais

Os e-mails sazonais são uma ótima opção em datas comemorativas, como Carnaval, Páscoa, Dia das Mães, Dia dos Pais, Dia das Crianças e Natal. A ideia é a de que sua marca aproveite que as pessoas estão pensando e falando a respeito dessas datas para enviar conteúdo ou promoções relacionadas.

E-mail de boas-vindas

Apesar de não ser comum, um e-mail de boas-vindas é muito importante. Precisa ser bem pensado e construído, pois é o primeiro contato da empresa com quem o recebe. É necessário utilizar ferramentas de automação para que seja enviado apenas às pessoas que acabaram de se cadastrar em sua base de contatos.

E-mails automatizados

Os e-mails automatizados otimizam seu tempo, pois é possível enviá-los para diferentes destinatários dependendo da interação deles com seu site, sempre considerando sua estratégia de marketing digital.

Nesse caso, ações como download de materiais, cliques ou visitas a determinadas páginas ajudam a criar as listas para que os e-mails sejam enviados considerando tais informações.

A ideia é a de que, assim que possível, sejam enviados e-mails para mais pessoas, de acordo com o interesse e as ações dos usuários no seu site, mas sem perder tempo fazendo isso manualmente.

Para finalizar, ao escolher o E-mail Marketing, é importante analisar os resultados, verificando se os objetivos da sua marca foram alcançados ou não, para fazer as mudanças e adaptações necessárias.

⚠️ **Faça uma pesquisa com o cliente/persona que você deseja alcançar com o objetivo de identificar os seguintes itens:**
- A. Com qual frequência ele lê os e-mails pessoais/profissionais?
- B. Em qual o horário ele gosta de ler e-mails?
- C. Qual dia da semana ele dedica a ler e-mails?
- D. Que tipo de conteúdo gosta de receber por e-mail?
- E. Ele abre e-mail de pessoas/empresas que não conhece?
- F. Realize a pesquisa com vinte potenciais clientes.
- G. Durante a pesquisa, é fundamental fazer perguntas que retirem o máximo possível de informações.
- H. Insira esses dados em uma planilha e faça a comparação das respostas.

⚠️ **Pesquise seus principais concorrentes:**
- A. Cadastre-se para receber a newsletter de seus concorrentes.
- B. Analise o conteúdo que utilizam.
- C. Realize a pesquisa com três potenciais concorrentes.

⚠️ **Pesquise fornecedores para ajudá-lo na implantação de ações de E-mail Marketing:**
- A. Realize a pesquisa com cinco potenciais fornecedores.
- B. Apresente o resultado de suas pesquisas.

C. Solicite a cotação baseado em seu aprendizado com as duas primeiras ações.
D. Verifique a reputação dos cinco fornecedores cotados.
E. Solicite cases de sucesso aos cinco fornecedores.
F. Envie o contrato de prestação de serviço dos cinco fornecedores para uma análise jurídica.
G. Com base nas análises (A, B, C, D, E, F), escolha a empresa em que sentiu mais confiança.
H. Solicite semanalmente métricas de desempenho.
I. Caso o E-mail Marketing seja um dos canais de aquisição que você testará, fique atento a qual estágio de visibilidade sua empresa alcançará nos próximos meses (Alta ou Baixa).

PROPAGANDA

A propaganda é um canal de aquisição bastante utilizado. Porém, antes de explicarmos o que é e como funciona, é interessante entender a diferença entre marketing, publicidade e propaganda.

Por mais que pareça que esses três conceitos dizem respeito à mesma coisa, isso não é verdade. Cada um deles tem um objetivo que se complementa no trabalho de visibilidade e busca por resultados de uma empresa.

O que é marketing?

No marketing, consideram-se o produto, sua divulgação, seu preço e como ele pode resolver problemas. Portanto, o conceito de marketing é mais amplo, englobando estratégias de produtos, soluções, para quem é o produto, quais anúncios podem ser feitos e até mesmo a satisfação do cliente.

O que é publicidade?

Quando pensamos em publicidade, nos referimos a situações em que alguém fala de uma marca ou produto de maneira espontânea, seja na TV, na internet ou em outros meios. Isso acontece depois que uma marca já está consolidada no mercado e é algo menos administrável, podendo ser positivo ou negativo. Para que a publicidade seja realizada de maneira mais controlável, as marcas contratam profissionais de relações públicas e assessores de imprensa. Em resumo, publicidade é como o mercado fala de uma marca.

E, afinal, o que é propaganda?

Propaganda, um canal de aquisição muito utilizado no Marketing Digital, é a divulgação paga de uma marca. É o que chamamos de anúncios, que podem ser veiculados em diversos meios, como na internet (nas redes sociais, no Google etc.) ou fora dela (na TV, em outdoors, entre outros).

Por meio da propaganda, uma marca mostra características, valores, soluções, produtos e serviços. A intenção é se tornar vista, conhecida e, consequentemente, fazer com que as pessoas busquem se aproximar e comprar as soluções oferecidas.

Com o crescimento do uso das redes sociais e o aprimoramento dos seus algoritmos, é possível fazer propagandas direcionadas a públicos diversos, a depender dos objetivos da sua marca.

Por exemplo, ao criar um anúncio nas redes sociais, é possível filtrar o público para quem aparece, desde sua localização, passando por faixa etária, gênero e interesses. Ou seja, diferentemente de uma propaganda veiculada na TV, que aparece para todos, na propaganda feita na internet, por meio desses filtros, sua marca pode alcançar sua persona com mais rapidez. Inclusive, vários anúncios da sua marca podem ser veiculados simultaneamente para públicos específicos, escolhidos a partir do produto divulgado, de uma data comemorativa ou promoção, por exemplo.

Tendo entendido o que é propaganda e como pode ser utilizada, fica clara a necessidade de se colocar em prática esse tipo de divulgação. Sempre pensando, é claro, no seu público-alvo e na persona que se quer alcançar e conquistar.

ANTES, REFLITA:

Seu concorrente faz alguma campanha de publicidade e propaganda?

⚠ **Faça uma pesquisa com o cliente/persona que você deseja alcançar com o objetivo de identificar os seguintes itens:**

A. Quando ele assiste ou escuta uma propaganda profissional, se sente atraído ou se lembra daquela empresa ou marca que foi apresentada?

B. Realize a pesquisa com vinte potenciais clientes.

C. Durante a pesquisa, é fundamental fazer perguntas que retirem o máximo possível de informações.

D. Insira esses dados em uma planilha e faça a comparação das respostas.

⚠ **Pesquise no Google "Empresas de Publicidade e Propaganda":**

A. Realize a pesquisa com cinco potenciais fornecedores.

B. Apresente os resultados das pesquisas aplicados e utilizados nos canais de aquisição: Inbound Marketing e E-mail Marketing.

C. Verifique a reputação dos cinco fornecedores cotados.

D. Solicite cases de sucesso aos cinco fornecedores.

E. Envie o contrato de prestação de serviço dos cinco fornecedores para uma análise jurídica.

F. Com base nas análises (A, B, C, D, E), escolha a empresa em que sentiu mais confiança.
G. Solicite semanalmente métricas de desempenho.
H. Caso a propaganda seja um dos canais de aquisição que você testará, fique atento a qual estágio de visibilidade sua empresa alcançará nos próximos meses (Alta ou Baixa).

SEO

SEO é a sigla para Search Engine Optimization, que em português significa otimização para mecanismos de busca. Inclui um conjunto de ações e estratégias que têm como grande objetivo aumentar o tráfego e o desempenho de um site por meio de resultados orgânicos de mecanismos de pesquisa, baseando-se em três pilares: tecnologia, conteúdo e autoridade de marca.

Quando falamos em mecanismos de pesquisa, nos referimos ao Google, Bing e até mesmo ao YouTube, que hoje é o segundo maior site de pesquisas do mundo. O Google é o buscador mais conhecido, mas é importante considerar também o Bing, especialmente se o seu público-alvo utiliza o Microsoft Edge, o XBox e o Windows Phone.

Sendo assim, para a sua empresa ganhar destaque nesses buscadores, é essencial colocar em prática o SEO nas suas estratégias de Marketing Digital.

Essas práticas podem ser divididas em três partes.

SEO on-site

É o SEO mais técnico. Nele estão inclusos o tempo de carregamento do site, a qualidade do HTML, a experiência do usuário, a segurança do site, as headings tags, os rich snippets e outras ações mais técnicas a serem analisadas. Várias delas são importantes para o desempenho do seu site no ranking dos buscadores.

SEO on-page

Já o SEO on-page é voltado ao conteúdo das páginas, como a qualidade do conteúdo, uso de palavras-chave, otimização de URL, title, description e links internos. Há alguns anos, a qualidade do conteúdo tem sido de extrema importância para melhorar o posicionamento orgânico dos sites, porque afetam diretamente a experiência do usuário. Isso quer dizer que não basta o usuário acessar um site, também é preciso que encontre conteúdo de seu interesse. Quanto melhor for o conteúdo, melhor será a experiência dele e, consequentemente, melhor seu desempenho.

SEO off-page

Relaciona-se aos links, ou seja, quanto mais os links do seu site aparecem em outros sites, melhor. Dessa forma, ele e sua marca se tornam referência e ganham autoridade, o que também melhora o desempenho nos buscadores. É claro que, nesse caso, deve-se considerar, ainda, a qualidade dos sites que fazem essas referências. Quanto maior a autoridade deles, melhor para o seu site.

Portanto, no SEO off-page, a presença da sua marca fora do seu site é a conta, diferente do SEO on-site e do on-page, que dependem de melhorias que você mesmo pode realizar.

Diante do que apresentamos, fica clara a importância de manter a qualidade do seu site, não só para que ele apareça nos buscadores, mas para que o público-alvo tenha uma experiência de qualidade e a sua marca ganhe visibilidade e alcance resultados.

ANTES, EXECUTE:

Faça um teste de velocidade do site do seu concorrente e de empresas que você admira.

⚠ Pesquise no Google "Empresas Especializadas em SEO":

A. Realize a pesquisa com cinco potenciais fornecedores.

B. Apresente os resultados de suas pesquisas aplicados e utilizados nos canais de aquisição: Inbound Marketing e E-mail Marketing.

C. Verifique a reputação dos cinco fornecedores cotados.

D. Solicite cases de sucesso aos cinco fornecedores.

E. Envie o contrato de prestação de serviço dos cinco fornecedores para uma análise jurídica.

F. Com base nas análises (A, B, C, D, E), escolha a empresa em que sentiu mais confiança.

G. Solicite semanalmente métricas de desempenho.

H. Caso o SEO seja um dos canais de aquisição que você testará, fique atento a qual estágio de visibilidade sua empresa alcançará nos próximos meses (Alta ou Baixa).

INFLUENCIADORES DIGITAIS

Antes de explicarmos o melhor caminho para contratar um influenciador digital, vamos entender quem é esse profissional.

Um influenciador digital é uma pessoa que conquistou visibilidade e a confiança de seus seguidores para influenciá-los. Isso inclui criação de tendências, comportamentos e informações. No caso de empresas, a função dos influenciadores digitais é divulgar um produto ou serviço, a fim de que seus seguidores conheçam melhor e se aproximem das marcas.

O que fazer antes de contratar esse profissional?

Em primeiro lugar, saiba detalhadamente como é a sua marca, sua personalidade, seus valores.

Em segundo lugar, é muito importante ter uma estratégia clara e estruturada para essa contratação. Ou seja, é preciso saber qual é o objetivo que você espera do serviço, seja aumentar o número de seguidores das suas redes sociais ou concretizar vendas.

Para definir esse objetivo, você deve conhecer seu público-alvo e definir a persona da sua marca, isto é, quem pretende alcançar.

Com essas informações bem claras, é o momento de buscar um influenciador digital que dialogue com isso, alguém que transmita os mesmos valores e que consiga se comunicar com as personas da sua marca. Afinal, o público dele deve ser o mais parecido possível com o seu público-alvo. Esse ponto é extremamente importante para que seu objetivo seja alcançado.

Após encontrar influenciadores com essas características, peça para eles passarem suas métricas de alcance, impressões de publicações e número de visualizações de stories nas redes sociais. Busque saber também a faixa etária, o gênero predominante e as principais localizações dos seguidores desses influenciadores e se estão de acordo com seu público.

Procure outras marcas que já trabalharam com esses profissionais para saber se elas obtiveram resultados e experiências relevantes. Faça também uma pesquisa de mercado para ter certeza de que o influenciador que você quer contratar é conhecido e visto de maneira positiva.

E depois da contratação, o que fazer?

Depois de efetivar a contratação, acompanhe os números, ou seja, quantas interações o público fez por meio de cliques em links e no perfil da sua marca. Algumas vezes os resultados não são instantâneos, mas podem vir depois de um tempo. De qualquer maneira, como em todos os canais de aquisição, analisar os resultados é fundamental para decidir as futuras estratégias da sua marca.

É bom lembrar, ainda, que não é papel do influenciador digital vender seu produto ou serviço, mas sim fazer sua marca ser vista, de modo que seu público passe a buscá-la por influência desse profissional.

ANTES, REFLITA:

Seu concorrente faz alguma campanha com influenciadores digitais?

⚠ **Perguntas antes de contratar um influenciador digital:**
- Qual o público-alvo do seu negócio ou marca?
- Sua marca tem um relacionamento estreito com o público?
- Se você deseja mudar o público-alvo, já sabe quem ele é?
- O que você espera realmente de um influenciador digital?
- Esse influenciador atinge que tipo de público?
- Quantos seguidores esse influenciador tem?

⚠ **Pesquise no Google "Agência de Influenciadores Digitais":**
- A. Realize a pesquisa com cinco potenciais fornecedores.
- B. Apresente os resultados de suas pesquisas aplicados e utilizados nos canais de aquisição: Inbound Marketing e E-mail Marketing.
- C. Verifique a reputação dos cinco fornecedores cotados.
- D. Solicite cases de sucesso aos cinco fornecedores.
- E. Envie o contrato de prestação de serviço dos cinco fornecedores para uma análise jurídica.
- F. Com base nas análises (A, B, C, D, E), escolha o influenciador em que sentiu mais confiança.
- G. Solicite semanalmente métricas de desempenho.
- H. Caso um influenciador digital seja um dos canais de aquisição que testará, fique atento a qual estágio de visibilidade sua empresa alcançará nos próximos meses (Alta ou Baixa).

MARKETING VIRAL

O Marketing Viral é uma estratégia utilizada pelas empresas para atrair público de maneira surpreendente, o que pode espalhar a mensagem divulgada, seja por meio de vídeo, imagem ou música.

O objetivo, é claro, é se aproximar do público-alvo e dar visibilidade à empresa. Assim, ao final do vídeo ou da mensagem, é preciso que esse público veja, mesmo que de forma implícita, a empresa que criou ou divulgou o conteúdo.

As vantagens de se utilizar esse tipo de estratégia é que ela, em geral, tem um custo baixo (mais baixo do que o do Marketing Tradicional) e costuma atingir muitas pessoas interessadas no assunto abordado. Consequentemente, a empresa gasta menos e alcança um grande número de pessoas que fazem parte de seu público-alvo.

Diante disso, o Marketing Viral pode ser uma escolha interessante para as empresas, e alguns tipos de criações se destacam nessa estratégia, e entre elas estão as situações que seu público achará engraçadas por se identificarem com elas. O humor, por exemplo, pode ajudar nessa viralização. Os memes, tão falados atualmente, são um exemplo disso.

Outra maneira de viralizar um conteúdo são os sentimentos com que seu público se identifica, especialmente raiva, medo, tristeza, alegria, prazer... A escolha sobre o conteúdo dependerá muito do seu público, por isso, obviamente, conhecê-lo e estar atento ao seu comportamento é fundamental para fazer boas escolhas.

Antes de escolher que tipo de conteúdo será criado ou divulgado, para se aproximar de seu público, é essencial, como já mencionamos, saber do que o mercado está falando. Para isso, pesquise o que as pessoas estão buscando na internet, verifique também o que tem sido destaque em programas de TV e que pode gerar buscas nas redes sociais ou no Google.

Por fim, não existe a certeza de que um conteúdo pensado e criado para ser viral irá, de fato, viralizar. As chances de sucesso nesse caso dependerão muito de como sua marca compreendeu o mercado e o comportamento do seu público naquele momento. Nesse sentido, não basta conhecer o mercado e seu público, mas permanecer atento e pesquisando, estudando constantemente para acertar o timing de divulgação de um conteúdo que pode se tornar viral.

⚠ **Perguntas antes de contratar uma empresa especializada em Marketing Viral:**
- Qual o público-alvo do seu negócio ou marca?
- Sua marca tem um relacionamento estreito com o público?
- Se você deseja mudar o público-alvo, já sabe quem ele é?
- O que você espera realmente dessa estratégia de Marketing Viral?

⚠ **Pesquise no Google "Empresas Especializadas em Marketing Viral":**
A. Realize a pesquisa com cinco potenciais fornecedores.
B. Verifique a reputação dos cinco fornecedores cotados.
C. Solicite cases de sucesso aos cinco fornecedores.
D. Envie o contrato de prestação de serviço dos cinco fornecedores para uma análise jurídica.
E. Com base nas análises (A, B, C, D), escolha a empresa em que sentiu mais confiança.
F. Solicite semanalmente métricas de desempenho.
G. Caso o Marketing Viral seja um dos canais de aquisição que você testará, fique atento a qual estágio de visibilidade sua empresa alcançará nos próximos meses (Alta ou Baixa).

MARKETING DE CONTEÚDO

O Marketing de Conteúdo, em sua definição, é a criação e divulgação de conteúdo com o objetivo de engajar o público-alvo da sua empresa. Atualmente, a maioria das pessoas está diariamente na internet buscando informações sobre variados assuntos, inclusive sobre aqueles que sua marca pode criar, por isso gerar conteúdo tem se tornado cada vez mais importante.

Diferente da TV, na internet as pessoas podem escolher o que querem ou não ver, ou seja, o poder está nas mãos dos usuários. Além disso, o volume de informações encontradas na rede é muito grande. Esses dois fatores exigem que as empresas gerem conteúdo de qualidade para alcançar com eficiência seu público-alvo.

O ideal nessa criação de conteúdo é que as empresas evitem falar diretamente do que oferecem, mas tragam informações, dicas que combinem com o que seu público busca na internet, como textos em blogs e vídeos, além de publicações nas redes sociais. Conteúdos bons e relevantes aproximam, geram visitas ao seu site institucional e até mesmo o cadastro de pessoas para receberem a newsletter por e-mail.

Tudo isso é ótimo, pois leva as pessoas, além de buscarem seu conteúdo, a se lembrarem da sua marca, indicarem-na para outras pessoas e, por fim, comprarem o que você oferece.

Esse caminho até que uma venda aconteça leva algum tempo, mas o Marketing de Conteúdo auxilia na construção de uma imagem positiva da sua marca, então tenha certeza de que, quando as pessoas precisarem do produto ou serviço que oferece, lembrarão e buscarão comprar de você.

A vantagem de se colocar em prática o Marketing de Conteúdo é que as empresas gastam menos para conquistar novos clientes do que se investirem apenas em propagandas. É mais barato que focar apenas a criação de publicações pagas e anúncios.

Por fim, é importante ressaltar que, para alcançar resultados, a criação de conteúdo deve ser estratégica. É preciso saber para quem o conteúdo é criado, que tipo de conteúdo seu público gostará de ler e qual a constância com que as publicações serão feitas. Então, de nada adianta criar conteúdo uma vez sem um objetivo claro. Isso não trará resultados.

ANTES, EXECUTE:

Faça um cadastro no site de um dos seus concorrentes com o objetivo de verificar a sequência de produção de conteúdo deles, e faça o mesmo procedimento em empresas que você admira.

⚠ **Pesquise no Google "Empresas Especializadas em Marketing de Conteúdo":**

A. Realize a pesquisa com cinco potenciais fornecedores.

B. Apresente os resultados de suas pesquisas aplicados e utilizados nos canais de aquisição: Inbound Marketing e E-mail Marketing.

C. Verifique a reputação dos cinco fornecedores cotados.

D. Solicite cases de sucesso aos cinco fornecedores.

E. Envie o contrato de prestação de serviço dos cinco fornecedores para uma análise jurídica.

F. Com base nas análises (A, B, C, D, E), escolha a empresa em que sentiu mais confiança.

G. Solicite semanalmente métricas de desempenho.

H. Caso o Marketing de Conteúdo seja um dos canais de aquisição que você testará, fique atento a qual estágio de visibilidade sua empresa alcançará nos próximos meses (Alta ou Baixa).

BLOG

Para as empresas que trabalham a divulgação de conteúdo na internet, um blog é mais uma ferramenta para aproximar o público. O blog é mais um canal de aquisição, fica em uma página no site das empresas e nele são publicados textos com conteúdo relevante para o público-alvo.

O objetivo de investir nesse canal de aquisição é aproximar o público por meio de conteúdo relevante, aumentar o número de visitantes ao site da empresa e melhorar a autoridade da marca no mercado.

Para quem quer usar esse canal, é importante considerar alguns pontos.

Conhecimento sobre interesses do público

Escolher os temas que serão abordados no blog exige que a empresa conheça muito bem seu público, para que os textos gerem interesse e façam com que ele se aproxime da empresa.

Ao entrar em um blog com textos atrativos, as pessoas têm grandes chances de visitar outras páginas do site, buscar conhecer melhor sua empresa e as soluções que oferece. Além disso, bons textos tendem a ser compartilhados com pessoas que têm interesses semelhantes. Ou seja, quem lê e gosta tende a "espalhar" o que leu, seja por e-mail, por WhatsApp ou mesmo pelo "boca a boca".

Tendências atuais

Cada dia, mês e época do ano tem tendências específicas, seja por conta de datas comemorativas ou acontecimentos pontuais. É essencial para quem cuida de um blog pesquisar essas tendências e incluir temas relacionados nos textos escritos e publicados. Isso porque, se as pessoas estão falando e buscando sobre determinado assunto, poderão encontrar seu blog no Google ou em outros buscadores.

Constância de publicações e tempo no ar

Para ganhar visibilidade na internet, é preciso ter constância.

Planejar um calendário editorial do seu blog ajuda a organizar a produção desse conteúdo. Quanto maior a constância de novos conteúdos, mais visitas seu blog poderá receber. Isso gera visibilidade e ajuda na construção da autoridade de uma marca na internet.

É bom ressaltar, ainda, que, mesmo que os resultados das visitas não gerem vendas imediatamente, quanto mais tempo seu blog estiver no ar, mais facilmente ele será encontrado nos buscadores.

SEO

Para que os textos do seu blog sejam encontrados, é preciso considerar o SEO em todo o processo de produção de conteúdo. Esse conjunto de técnicas, de que já falamos anteriormente, ajuda o conteúdo do seu blog a chegar no topo dos buscadores. Entre algumas técnicas de SEO, destacamos as palavras-chave e os links internos (que direcionam o leitor para outras páginas do seu site).

Portanto, investir nesse canal de aquisição pode trazer resultados interessantes para as empresas. Atualmente, o blog é bastante utilizado, o investimento para mantê-lo atualizado não é alto e, com ele, mais pessoas conhecem as marcas, confiam nelas, cadastram-se para receber novidades por e-mail e, por fim, lembram-se da empresa no momento em que precisam das soluções oferecidas.

ANTES, EXECUTE:

Faça uma pesquisa e verifique se seus concorrentes têm a área de "Blog" em seus sites. Analise as linhas editoriais que utilizam.

⚠ **Pesquise no Google "Conteúdo para Blog Empresarial":**

- A. Realize a pesquisa com cinco potenciais fornecedores.
- B. Apresente os resultados de suas pesquisas aplicados e utilizados nos canais de aquisição: Inbound Marketing e E-mail Marketing.
- C. Verifique a reputação dos cinco fornecedores cotados.
- D. Solicite cases de sucesso aos cinco fornecedores.
- E. Envie o contrato de prestação de serviço dos cinco fornecedores para uma análise jurídica.
- F. Com base nas análises (A, B, C, D, E), escolha a empresa em que sentiu mais confiança.
- G. Solicite semanalmente métricas de desempenho.
- H. Caso o blog seja um dos canais de aquisição que você testará, fique atento a qual estágio de visibilidade sua empresa alcançará nos próximos meses (Alta ou Baixa).

SEM

SEM (Search Engine Marketing) significa marketing para mecanismos de busca. O objetivo desse canal é a otimização do marketing das empresas. Antes de detalhar como pode ser colocado em prática, deve-se entender a diferença entre SEM e SEO.

O SEO são técnicas baseadas em métodos orgânicos, ou seja, não pagos, para uma empresa aparecer nos resultados de pesquisa. Já o SEM ajuda nos resultados voltados aos links patrocinados e às mídias pagas. É uma estratégia para as empresas ganharem visibilidade nos buscadores pagando por isso, o que também é conhecido como PPC (pay-per-click, ou pagamento por clique).

O caminho para se colocar em prática boas estratégias de SEM passa por planejamento, definição do orçamento, montagem de um cronograma e, após as campanhas serem colocadas no ar, análise das métricas, dos resultados e das adaptações necessárias. A seguir, explicaremos melhor cada uma dessas etapas.

Planejamento

No planejamento, é importante mapear a jornada de compra, entender o mercado abrangente, analisar sua concorrência e como ela se comporta, além dos pontos fortes e fracos da sua empresa. É como um raio x de cada operação.

Esse planejamento será usado como base para as ações a serem tomadas, que incluem descrição e imagens dos produtos, quais os melhores tipo de campanhas (visuais ou apenas com palavras-chave), entre outras.

Apesar de o planejamento ser muito importante, imprevistos podem acontecer, portanto, deve-se permanecer sempre aberto a possíveis adaptações ao longo do processo.

Definição do orçamento

Nessa etapa, é o momento de determinar o orçamento gasto mensalmente para esse fim. Em geral, não há um valor definitivo, o indicado é que seja o orçamento possível para a realidade de cada empresa. Alguns especialistas recomendam que 10% do faturamento do mês anterior seja destinado a mídias pagas, mas cada empresa deve avaliar seus objetivos e investimentos.

Cronograma

O cronograma deve abranger cada mídia, o que pode incluir canais como Google Ads e Google Shopping, entre outros. É importante também considerar nesse momento as datas comemorativas e todas as campanhas a serem feitas.

Quanto mais detalhado o cronograma, mais organizadas serão as ações de SEM.

Análise de métricas

No momento da análise, é preciso ser detalhista e separar os resultados alcançados (ou não) em cada mídia. Coloque os números em planilhas para que a visualização seja clara.

Procure identificar os problemas para que sejam solucionados nas próximas campanhas.

Para finalizar, uma vantagem do SEM é que seus resultados geralmente são mais imediatos do que os vistos com o uso do SEO ou de outras estratégias orgânicas. Além disso, é possível saber para quem seus anúncios foram exibidos e quando apareceram, o que ajuda a identificar os canais de divulgação mais eficientes para cada empresa.

ANTES, EXECUTE:

Faça um teste de velocidade do site do seu concorrente e das empresas que você admira.

⚠ **Pesquise no Google "Empresas Especializadas em SEM":**

    A. Realize a pesquisa com cinco potenciais fornecedores.

    B. Apresente os resultados de suas pesquisas aplicados e utilizados nos canais de aquisição: Inbound Marketing e E-mail Marketing.

    C. Verifique a reputação dos cinco fornecedores cotados.

    D. Solicite cases de sucesso aos cinco fornecedores.

    E. Envie o contrato de prestação de serviço dos cinco fornecedores para uma análise jurídica.

    F. Com base nas análises (A, B, C, D, E), escolha a empresa em que você sentiu mais confiança.

MARKETING DE COMUNIDADE

Quando falamos em comunidade, nos referimos a indivíduos que compartilham algo em comum. Na internet, a formação das comunidades se tornou mais fácil, e nelas os interessados nos mesmos assuntos podem conversar e trocar informações.

Você pode se perguntar o que isso tem a ver com sua marca e seus clientes. Explicaremos a seguir como utilizar as comunidades para atrair e conquistar novos clientes.

O Marketing de Comunidade pode ser considerado um canal de aquisição usado estrategicamente para aproximar e engajar quem faz parte do público-alvo de uma empresa. As ações realizadas para tornar essa estratégia interessante são grupos ou fóruns online, eventos online ou presenciais, publicações em redes sociais e blogs, entre outras opções interessantes e viáveis, dependendo do que a empresa consiga gerenciar de maneira eficiente.

As vantagens desse canal de comunicação são a possibilidade de conhecer e entender as necessidades e demandas do seu público, além de criar uma relação mais próxima com ele. Mas antes de colocar isso em prática, é preciso que estejam claros o propósito, os valores da empresa e como ela se comunica, para que isso atraia as pessoas a fazerem parte da sua comunidade e falarem das soluções que sua marca oferece.

Há duas maneiras de usar o Marketing de Comunidade. A comunidade pode ser formada de forma orgânica, ou seja, quando as pessoas buscam fazer parte dela e interagem espontaneamente, trocando informações e falando sobre sua marca. Já a comunidade patrocinada é aquela em que a empresa investe tempo e dinheiro para gerenciá-la, acompanhá-la e engajar as pessoas. Nos dois casos, é muito importante se atentar para o que está sendo dito, para avaliar pontos fortes e fracos da sua marca, desde o atendimento, produto ou serviço até o pós-venda. Acompanhar uma comunidade é o que faz a diferença para acompanhar e propor ações que mantenham as pessoas próximas e participativas.

Na prática é interessante ter um responsável por gerenciar essas comunidades, as interações realizadas pelos clientes ou potenciais clientes e as ações propostas. Isso faz com que os membros dessa comunidade se sintam mais próximos para continuarem se comunicando e se sintam ouvidos diante do que falam sobre uma marca, porque recebem respostas aos seus comentários, dúvidas ou críticas. Isso humaniza uma empresa. E quanto mais as pessoas se sentirem bem, mais gostam, confiam e se lembram de uma marca na hora de buscar aquilo de que precisam. Ou seja, apostar no Marketing de Comunidade pode ser muito benéfico.

Fazendo esse acompanhamento de modo constante e, podemos dizer, mais afetivo, o próximo passo é analisar como sua marca é vista pelas pessoas, o que é dito, o que pode ser mantido ou melhorado e, por fim, os resultados concretos dessa comunidade na conquista de leads qualificados e nas vendas da empresa.

Além disso, ressaltamos que atualmente o olhar atento ao que dizem sobre uma marca e a boa relação com o público é essencial para entender como ela é vista e ajustar o que pode ser feito para melhorar essa relação. Portanto, investir no Marketing de Comunidade pode ser extremamente eficiente para conhecer o que seu público busca, assim como valorizar essas informações, uma vez que as ações dos seus clientes afetam diretamente os resultados da sua marca.

SIGA O MESTRE: MÃO NA MASSA!

⚠ **Faça uma pesquisa com o cliente/persona que você deseja alcançar com o objetivo de identificar os seguintes itens:**

   A. Quando ele busca informações profissionais em relação a dúvidas e problemas do dia a dia, quais veículos digitais acessa? *(site do fabricante, Google, redes sociais, YouTube, WhatsApp, Telegram, outro)*

   B. Realize a pesquisa com vinte potenciais clientes.

   C. Durante essa pesquisa, é fundamental fazer perguntas que retirem o máximo possível de informações.

   D. Insira esses dados em uma planilha e faça a comparação das respostas.

   E. Os veículos com maior repetição serão aqueles em que você deverá investir inicialmente.

⚠ **Pesquise seus principais concorrentes:**

   A. Como se posicionam no mundo digital?

   B. Qual o nível de engajamento das pessoas que consomem o conteúdo que eles produzem?

   C. Realize a pesquisa com ao menos três potenciais concorrentes.

⚠️ **Pesquise fornecedores para ajudá-lo na implantação de ações de Marketing de Comunidade:**

A. Realize a pesquisa com cinco potenciais fornecedores.

B. Apresente o resultado de suas pesquisas.

C. Solicite a cotação baseado em seu aprendizado com as duas primeiras ações.

D. Verifique a reputação dos cinco fornecedores cotados.

E. Solicite cases de sucesso aos cinco fornecedores.

F. Envie o contrato de prestação de serviço dos cinco fornecedores para uma análise jurídica.

G. Com base nas análises (A, B, C, D, E, F), escolha a empresa em que você sentiu mais confiança.

H. Solicite semanalmente métricas de desempenho.

I. Caso o Marketing de Comunidade seja um dos canais de aquisição que você testará, fique atento a qual estágio de visibilidade sua empresa alcançará nos próximos meses (Alta ou Baixa).

ADS OFFLINE

Com o crescimento da presença online de pessoas e empresas, os anúncios offline, ou Ads offline, podem ser vistos como canais de aquisição que trazem pouco ou nenhum resultado. No entanto, é importante analisar alguns pontos antes de descartá-los.

Atualmente, as empresas investem muito em Marketing Digital, portanto, a concorrência de anúncios em redes sociais e no Google é muito grande. Já nos meios offline, essa concorrência passou a ser menor, consequentemente, pode ser uma escolha inteligente.

Para se escolher outros canais, é preciso conhecer seu público, entender principalmente onde ele está presente e que tipo de meios consome. Sabendo isso, é possível avaliar se algum canal offline pode ser escolhido e testado. Caso seu público seja de um nicho muito específico, é possível buscar **revistas**, por exemplo, que sejam lidas por ele. Se quer alcançar um público de uma localidade específica, pode optar por um **outdoor** nessa localidade, ou alguma divulgação em um restaurante ou outro comércio que seu público costuma frequentar. Quanto mais você conhecer seu público, maiores serão as possibilidades de anunciar offline.

Tendo essas informações, faça uma pesquisa sobre o investimento que sua empresa pode fazer e procure os meios onde quer divulgar. É sempre interessante testar antes de fechar um contrato mais longo para esses anúncios.

A análise de resultados pode ser um desafio, diferente das ações digitais, em que é possível analisá-los mais detalhadamente, mas há algumas possibilidades. Uma delas é divulgar um número de telefone para receber mensagens ou ligações específicas de um anúncio offline. Outra é utilizar um QR Code que as pessoas possam acessar e ser direcionadas para uma landing page. Assim, será possível medir quais contatos foram gerados a partir desse anúncio.

Os anúncios offline, portanto, como outras maneiras de divulgar uma marca, precisam ser estudados e testados para que se analise se valem a pena ou não, e não devem ser descartados prematuramente, porque podem ser uma maneira eficiente de alcançar e se aproximar de determinados públicos.

⚠ **Perguntas antes de contratar uma empresa especializada em Ads Offline:**

- Qual o público-alvo de seu negócio ou marca?
- Sua marca tem um relacionamento estreito com o público?
- Se você deseja mudar o público-alvo, já sabe quem ele é?
- O que você espera realmente dessa estratégia de Ads Offline?

⚠ **Pesquise no Google "Empresas Especializadas em Ads Offline":**

A. Realize a pesquisa com cinco potenciais fornecedores.
B. Verifique a reputação dos cinco fornecedores cotados.
C. Solicite cases de sucesso aos cinco fornecedores.
D. Envie o contrato de prestação de serviço dos cinco fornecedores para uma análise jurídica.
E. Com base nas análises (A, B, C, D), escolha a empresa em que sentiu mais confiança.
F. Solicite semanalmente métricas de desempenho.
G. Caso o Ads offline seja um dos canais de aquisição que você testará, fique atento a qual estágio de visibilidade sua empresa alcançará nos próximos meses (Alta ou Baixa).

MARKETING DE AFILIADOS

O Marketing de Afiliados é uma maneira de uma empresa vender seu produto, mas quem realiza a venda, nesse caso, é um afiliado, uma espécie de revendedor. Os afiliados recebem comissões quando vendem, que variam de acordo com o produto e algumas escolhas da empresa. Esse pode ser considerado mais um canal de aquisição que é feito de forma online e sem burocracia, onde a empresa e os afiliados saem ganhando.

Para começar, é necessário fazer um cadastro em uma plataforma de afiliação de produtos digitais que facilita esse processo para quem quer vender produtos e para quem quer ser um afiliado. É por meio dessas plataformas, como a Hotmart e a Eduzz, que as vendas acontecem e empresas e afiliados recebem e gerenciam pagamentos.

Dessa maneira, os afiliados que se cadastram nessas plataformas, para vender determinados produtos, recebem um link exclusivo para realizar as vendas. Com esse link, as pessoas poderão realizar suas compras, o afiliado receberá sua comissão, e a empresa, sua parte no valor das vendas.

Essas vendas realizadas por afiliados podem ser feitas de maneira orgânica, nas redes sociais, em um blog, com vídeos publicados no YouTube ou uma lista de e-mails, por exemplo. Nesses casos, os afiliados poderão produzir conteúdos gratuitos relacionados ao produto para divulgar seu link. Há, ainda, a possibilidade de se criar anúncios pagos para divulgar esse link e realizar vendas. Cada afiliado precisará analisar o que vale mais a pena e trará mais resultados para ele e, consequentemente, para a empresa.

Para uma empresa avaliar como quer realizar esse tipo de estratégia de marketing e vendas, é necessário entender as maneiras como o pagamento pode ser feito aos afiliados, se será por clique no link (CPC), por lead gerado (CPL) ou por venda realizada (CPA). Por isso, antes de optar por essa ação, é importante avaliar qual é a melhor, a depender dos objetivos da empresa.

As vantagens de se escolher o Marketing de Afiliados são os baixos custos e riscos para a empresa, a possibilidade de escolher como os afiliados serão pagos e o fato de as pessoas poderem conhecer melhor a marca divulgada. Aliado a isso, podemos considerar também que, quanto mais afiliados fizerem referência a uma marca, mais links dela serão referenciados em sites e redes sociais, o que pode ajudar no SEO e no aumento de visitas ao seu site.

Esse tipo de marketing tem sido bastante utilizado devido a essas vantagens e, por isso, é um canal de aquisição a ser considerado. Por fim, é necessário testar e acompanhar os dados e resultados gerados para verificar se essa é uma boa escolha para sua empresa.

Vejamos como funciona na prática.

Para afiliados

Para se tornar um afiliado, a pessoa deve se cadastrar em uma plataforma, como as citadas anteriormente, e preencher todos os dados necessários, como:

- Se é pessoa física, pessoa jurídica ou MEI.
- Dados financeiros.
- Preferências.
- Perfil público.

Com essas informações, é possível adicionar os produtos que se quer vender, sabendo de antemão o valor da comissão que receberá ao finalizar as vendas.

A verdade é que a remuneração e o comissionamento ainda exercem um papel muito importante na motivação para profissionais de vendas.

Para produtores

Para cadastrar produtos na plataforma, é preciso inserir preço, descrição, conteúdo da página de vendas e outras informações.

Dessa maneira, seus produtos ficam disponíveis para que os afiliados interessados possam divulgá-los adequadamente e vendê-los.

ANTES, REFLITA:

Seu concorrente faz alguma campanha com Marketing de Afiliados?

⚠ Perguntas antes de contratar um Afiliado:

- Qual o público-alvo do seu negócio ou marca?
- Sua marca tem um relacionamento estreito com o público?
- Se você deseja mudar o público-alvo, já sabe quem ele é?

⚠ Pesquise no Google "Como Contratar uma Empresa de Marketing de Afiliados":

A. Realize a pesquisa com cinco potenciais fornecedores.

B. Apresente os resultados de suas pesquisas aplicados e utilizados nos canais de aquisição: Inbound Marketing e E-mail Marketing.

C. Verifique a reputação dos cinco fornecedores cotados.

D. Solicite cases de sucesso aos cinco fornecedores.

E. Envie o contrato de prestação de serviço de cinco fornecedores para uma análise jurídica.

F. Com base nas análises (A, B, C, D, E), escolha a empresa em que sentiu mais confiança.

G. Solicite semanalmente métricas de desempenho.

H. Caso o Marketing de Afiliados seja um dos canais de aquisição que você testará, fique atento a qual estágio de visibilidade sua empresa alcançará nos próximos meses (Alta ou Baixa).

ASSESSORIA DE IMPRENSA

Seria mais linear se eu, Rafael, começasse pelo canal de aquisição de assessoria de imprensa, já que foi o primeiro canal em que investi dinheiro em minha empresa e no qual pude trabalhar a matriz da credibilidade.

Basicamente, o que eu buscava naquele momento, a partir da conversa com uma amiga jornalista, era me tornar conhecido para que, a partir dali, pudesse ser reconhecido como referência na atuação comercial B2B.

A ideia inicial era a de que as pessoas conhecessem o Rafael Mendes, gerando interesse em me contatar e ouvir o que eu poderia dizer, que me procurassem e chegassem até a minha empresa. Porém, eu não sabia de que maneira fazer isso, foi então que entrei em contato com uma empresa de assessoria de imprensa que poderia traçar o planejamento e aplicar estratégias pertinentes ao que eu buscava.

Como cliente, eu queria ser reconhecido pelo meu trabalho e construir credibilidade em torno do meu nome para que pudesse transpor essa credibilidade para minha empresa. Afinal, compramos de pessoas, e não de CNPJ. Por isso, é importante que exista uma relação prévia com a marca que transmita confiança de que o que está sendo dito tenha relevância e fundamento.

Ser conhecido é parte do processo facilitador para que as empresas possam vender mais e serem procuradas pelo que têm a oferecer, mas ao contrário de um anúncio directo, a assessoria de imprensa não consegue mensurar e estabelecer métricas que correlacionem diretamente o quanto você deixou de vender ou passou a vender por meio de uma matéria em algum canal de comunicação.

O que existe no conceito de assessoria de imprensa é a rede de contatos e o constante relacionamento para que pautas pertinentes possam se unir ao desejo de sair na mídia. Além da constante busca e do planejamento de frente com diversos canais, a assessoria de imprensa visa a frequência constante por se comunicar com um público que possa ser alvo de determinado produto/serviço e, assim, gerar uma relação de confiança de informações, criadas graças à credibilidade das fontes.

Cercar uma pessoa por meio dos interesses e impactar para que seja referência é também fruto de conquistar espaço para pautas relevantes, o que ocorre em circunstâncias como tragédias, gestão de crise e quando há a vontade do jornalista de comunicar algo com base em seu desejo, sua vivência ou uma provocação pertinente ao momento, contexto e assunto.

Pautas são pertinentes a partir de seu conceito factual ou não factual, distinção que acontece por meio da diferenciação de conceitos ligados ao dia a dia da notícia e à sua recorrência no cenário global.

A assessoria de imprensa atua na provocação ou aproveitamento da pauta, trata-se da leitura acurada do cenário atual *versus* a necessidade do cliente e a possibilidade de encaixá-lo em um veículo para falar sobre determinado assunto. A junção da provação com a necessidade torna a pertinência da pauta viável e o relacionamento com o jornalista um acelerador nesse processo.

Além de pautas provocativas, a assessoria de imprensa também trabalha com artigos de opinião. Não há neles uma característica comercial direta, mas isso pode acontecer se houver a transposição do assunto com a criação do conceito de autoridade relacionado.

Dentre os canais de aquisição, a assessoria de imprensa se destaca por frequência e planejamento, com o objetivo de levar a audiência a reagir ao que é divulgado, e pela estratégia de desenvolvimento de canais de comunicação em que o impacto possa ocorrer em diferentes frentes e solidificar os conceitos iniciais de uma primeira matéria.

Com o desafio das mídias sociais e uma imprensa cada vez mais informal, a assessoria de imprensa seguirá tendo seu espaço, porém haverá a necessidade de mais foco e criatividade em escolher histórias para contar. Essas histórias não devem ser vistas como ações comerciais, mas como pautas de alta relevância para a audiência.

ANTES, EXECUTE:

Faça uma pesquisa com seu cliente/persona para entender que veículos de imprensa ele lê, assiste ou escuta.

⚠ **Perguntas antes de contratar uma empresa de assessoria de imprensa:**
- Qual o público-alvo do seu negócio ou marca?
- Sua marca tem um relacionamento estreito com o público?
- Se você deseja mudar o público-alvo, já sabe quem ele é?
- O que você espera realmente dessa estratégia de assessoria de imprensa?

⚠ **Pesquise no Google "Assessoria de Imprensa":**
A. Realize a pesquisa com cinco potenciais fornecedores.
B. Verifique a reputação dos cinco fornecedores cotados.
C. Solicite cases de sucesso aos cinco fornecedores.
D. Envie o contrato de prestação de serviço dos cinco fornecedores para uma análise jurídica.
E. Com base nas análises (A, B, C, D), escolha a empresa que em sentiu mais confiança.
F. Solicite semanalmente métricas de desempenho.
G. Caso a assessoria de imprensa seja um dos canais de aquisição que você testará, fique atento a qual estágio de visibilidade sua empresa alcançará nos próximos meses (Alta ou Baixa).

EVENTOS

Apresentaremos agora mais um canal de aquisição que pode ajudar sua empresa a ganhar visibilidade e alcançar resultados: os eventos.

Quando falamos em eventos, podemos considerar reuniões, palestras, congressos, lançamentos de produtos, comemorações, entre outros. O importante é que, independentemente do porte do evento ou da sua empresa, haja organização de cada detalhe, desde a concepção e o estabelecimento dos objetivos do evento, até o pós-evento, quando os feedbacks e resultados serão analisados.

É possível considerar a contratação de um organizador de eventos, mas, caso essa ainda não seja uma realidade ao alcance da sua empresa, tome a frente, peça ajuda e organize-o mesmo assim, seguindo o passo a passo que detalharemos a seguir.

Ressaltamos que eventos, em geral, são mais caros do que outros canais de aquisição que apresentaremos. Por isso, é preciso analisar se essa é a melhor opção para sua empresa alcançar potenciais clientes.

Se a realização de um evento for possível, se couber no orçamento da empresa, cada etapa precisa ser bem detalhada. Para isso, podemos dividir a organização em três etapas.

Briefing

O briefing é o processo de conceituação de um evento, quando é necessário definir o que se quer alcançar, qual o público-alvo, a data de realização, qual orçamento será disponibilizado e quais ações pós-evento serão feitas, a fim de medir as impressões causadas e os resultados atingidos.

Checklist

O checklist é, como o nome diz, uma lista. Nela serão colocadas todas as providências para que o evento aconteça na data definida. É preciso estabelecer prazos, ações e, principalmente, repassar essa lista algumas vezes para verificar se nada de importante foi esquecido.

Cronograma

A última etapa é a montagem de um cronograma detalhado de cada providência a ser tomada e a ordem em que tudo precisa ser feito.

Esse cronograma deve apresentar detalhes. Por exemplo: como o evento será divulgado? Em quais canais, redes sociais, e-mail, TV? Serão distribuídos brindes para os palestrantes e participantes? Haverá um coffee break, um almoço? Se houver área de credenciamento, como será organizada? Como será a decoração? Quais fornecedores podem ser contratados? Eles têm boas referências? Como os participantes chegarão ao evento? Serão disponibilizados transporte e hospedagem para os palestrantes? Como será possível medir os resultados após o evento?

É claro que esse cronograma mudará de acordo com o porte do seu evento e suas especificidades, mas, de qualquer forma, cada detalhe é determinante para o êxito dele e, consequentemente, da sua empresa. Portanto, para que esse canal seja utilizado com sucesso, a palavra-chave é PLANEJAMENTO!

ANTES, EXECUTE:

Pesquise seus concorrentes e veja se estão organizando eventos de vendas com o objetivo de conquistar mais clientes.

⚠ **Perguntas antes de contratar uma empresa de organização de eventos:**

- Qual o público-alvo do seu negócio ou marca?
- Sua marca tem um relacionamento estreito com o público?
- Se você deseja mudar o público-alvo, já sabe quem ele é?
- O que você espera realmente dessa estratégia de eventos?

⚠ **Pesquise no Google "Empresa de Organização de Eventos":**

A. Realize a pesquisa com cinco potenciais fornecedores.
B. Verifique a reputação dos cinco fornecedores cotados.
C. Solicite cases de sucessos aos cinco fornecedores.
D. Envie o contrato de prestação de serviço dos cinco fornecedores para uma análise jurídica.
E. Com base nas análises (A, B, C, D), escolha a empresa em que sentiu mais confiança.
F. Solicite semanalmente métricas de desempenho.
G. Caso eventos sejam um dos canais de aquisição que você testará, fique atento a qual estágio de visibilidade sua empresa alcançará nos próximos meses (Alta ou Baixa).

FEIRAS DE NEGÓCIOS

As feiras de negócios são um canal de aquisição em que há um bom investimento de tempo e dinheiro. No entanto, se bem aproveitada, é uma oportunidade de fortalecer a imagem da sua marca, fazer contatos e, também, de vender produtos e serviços, tanto durante a feira como depois dela.

Para que essa participação seja feita de maneira eficiente, é preciso pensar em quatro momentos importantes.

Planejamento

Como já citamos anteriormente, para realizar toda ação de marketing de uma empresa, é necessário planejar cada detalhe.

Para começar, se você escolheu levar sua empresa para uma feira, comece pesquisando os eventos em sua área de atuação, o perfil do público de cada um e os expositores que já participaram em edições anteriores.

Após selecionar algumas feiras que podem ser boas para a sua marca, busque saber como sua empresa pode participar. Para as micro e pequenas empresas, entre em contato com associações, sindicatos ou até mesmo com o SEBRAE, para verificar se há algum subsídio para sua participação, o que pode minimizar o investimento financeiro que precisará ser feito.

Divulgação

Divulgar sua participação é de extrema importância. Então, aproveite os diversos canais disponíveis, como e-mail e WhatsApp, para enviar convites bem elaborados. Assim, se seus clientes já tiverem planos de ir à feira, visitarão seu stand. Ou ainda melhor, seu convite poderá ser a motivação para que decidam comparecer e prestigiar sua empresa. Para aumentar o alcance do seu público-alvo, faça também anúncios e publicações sobre a feira nas redes sociais e no Google.

Todas essas ações são uma maneira de fazer mais pessoas terem conhecimento de sua participação, mas também servem para fortalecer sua marca.

Execução

Antes da feira, pense em maneiras de dar destaque a seu stand, de maneira que as pessoas que passarem por ele se sintam atraídas e entendam o que sua empresa faz e quais soluções oferece.

É interessante também pensar em alguma ação promocional ou brinde especial para os visitantes. Isso chama a atenção das pessoas para que parem e queiram ter contato com sua marca.

Treine sua equipe para que transmita os valores e a personalidade de sua marca, sabendo transmitir informações corretamente, tirando dúvidas e até mesmo se comunicando com pessoas que não falam português. Oriente quem estiver no seu stand a anotar no cartão de visitas de cada pessoa o que foi conversado e se foi combinado algo para ser feito posteriormente, como o envio de algum material ou o agendamento de uma reunião.

Caso a feira tenha duração de vários dias, esses cartões de visitas podem ser recolhidos ao final de cada dia para que as providências combinadas já possam começar a ser tomadas.

Avaliação

Quando a feira termina, assim como em outras ações da sua empresa, é preciso avaliar como foi a participação e os resultados obtidos.

Nessa avaliação, deve-se olhar não apenas as vendas realizadas durante o evento, pois mais vendas ainda podem acontecer após alguns meses. O mais importante nesse caso é observar pontos como o quanto sua marca saiu fortalecida, quantos contatos foram feitos e qual é a possibilidade de esses contatos se tornarem leads qualificados e, posteriormente, clientes.

Na semana seguinte à feira, envie um e-mail para todos os que deixaram seus contatos, agradecendo a visita a seu stand. Além disso, procure construir e fortalecer a relação por meio do agendamento de reuniões. Não deixe esses contatos esfriarem, aproveite o momento em que ainda estão com sua marca "fresca" na memória.

A participação em feiras, embora demande tempo, investimento financeiro e seja trabalhosa, pode valer a pena se todos esses passos forem colocados em prática. Isso dependerá do empenho de cada empresa e da equipe envolvida.

ANTES, EXECUTE:

Pesquise seus concorrentes e veja se estão organizando feiras de negócios com o objetivo de conquistar mais clientes.

⚠ **Perguntas antes de contratar uma empresa de organização de feiras de negócios:**

- Qual o público-alvo do seu negócio ou marca?
- Sua marca tem um relacionamento estreito com o público?
- Se você deseja mudar o público-alvo, já sabe quem ele é?
- O que você espera realmente dessa estratégia de feiras de negócios?

⚠ **Pesquise no Google "Empresa de Feiras de Negócios":**

A. Realize a pesquisa com cinco potenciais fornecedores.
B. Verifique a reputação dos cinco fornecedores cotados.
C. Solicite cases de sucesso aos cinco fornecedores.
D. Envie o contrato de prestação de serviço dos cinco fornecedores para uma análise jurídica.
E. Com base nas análises (A, B, C, D), escolha a empresa em que sentiu mais confiança.
F. Solicite semanalmente métricas de desempenho.
G. Caso as feiras de negócios sejam um dos canais de aquisição que você testará, fique atento a qual estágio de visibilidade sua empresa alcançará nos próximos meses (Alta ou Baixa).

PANFLETOS E CARTÕES DE VISITA IMPRESSOS

Os panfletos e cartões de visita são mais uma maneira de divulgar seu produto ou serviço. No entanto, você pode pensar que hoje o mundo inteiro está na internet e que um panfleto ou outra forma impressa de marketing não será eficiente. Isso pode ser um erro, pois, da mesma forma que para os outros canais de aquisição, tudo depende de dois pontos importantes: conhecer seu público e escolher uma boa estratégia.

De nada adianta colocar um panfleto ou cartão em um estabelecimento onde seu público não vai, ou se esse material se misturar a vários outros, não sendo visto pelas pessoas. Ou seja, é essencial pensar em quem você quer alcançar e em como pode fazer isso estrategicamente.

Para pensar a melhor estratégia de divulgação, considere, se possível, contratar um profissional de marketing para orientar o melhor caminho a seguir. Se decidir usar um panfleto ou cartão de visitas, uma escolha importante é a "cara" que terá esse impresso. Para isso, procure profissionais de design que produzam um material de acordo com a imagem que você quer transmitir.

Dependendo da área de atuação da sua empresa, você pode entregar panfletos individualmente, procurando conversar um pouco com as pessoas sobre como solucionar uma dor com seu produto ou serviço. Procure fazer isso, é claro, em locais onde possa encontrar pessoas que fazem parte do público que você quer alcançar.

Outra maneira de usar esse tipo de marketing de maneira eficiente é fazer parcerias com outras empresas em eventos que se relacionem ao que sua marca oferece, para que seus panfletos ou cartões sejam colocados em kits para distribuição. Nesse caso, avalie se os participantes do evento têm o perfil do seu público-alvo.

É interessante, ainda, ter sempre com você alguns cartões de visita para, caso encontre alguém que possa se interessar pelo que você oferece, não perca a oportunidade de divulgar e fazer esse novo contato.

Para avaliar os resultados desse tipo de divulgação, vale a mesma dica dos anúncios em revistas: disponibilizar um telefone ou um QR-Code no panfleto ou cartão de visita. Você também pode perguntar a quem entrar em contato de que forma a pessoa soube da sua empresa. De qualquer forma, é importante pensar em maneiras de medir se essa estratégia traz resultados e o que você pode fazer para melhorá-los.

Ainda que em um mundo digital possa parecer que panfletos e cartões de visita não funcionam, tudo dependerá do público da sua empresa e de como ele se comporta. Portanto, se aprofunde e estude constantemente esse fator antes de escolher onde e como divulgar seu produto ou serviço.

ANTES, REFLITA:

Seu concorrente faz alguma campanha com panfletos?

⚠ **Pesquise no Google "Empresas de Confecção de Cartões de Visitas e Criação de Panfletos":**

   A. Realize a pesquisa com cinco potenciais fornecedores.
   B. Apresente os resultados de suas pesquisas aplicados e utilizados nos canais de aquisição: Inbound Marketing e E-mail Marketing.
   C. Verifique a reputação dos cinco fornecedores cotados.
   D. Solicite cases de sucesso aos cinco fornecedores.
   E. Envie o contrato de prestação de serviço dos cinco fornecedores para uma análise jurídica.
   F. Com base nas análises (A, B, C, D, E), escolha a empresa em que sentiu mais confiança.
   G. Caso panfletos e cartões sejam um dos canais de aquisição que você testará, fique atento a qual estágio de visibilidade sua empresa alcançará nos próximos meses (Alta ou Baixa).

OUTDOOR

Agora nos dedicaremos a conhecer, em linhas gerais, a utilização do outdoor como canal de aquisição. O intuito é aprender mais sobre a mídia, como funciona, como é precificada, quantidade de oportunidade, mensuração de ticket médio dos clientes adquiridos, tecnologias empregadas e taxa de conversão de audiência.

É importante começar explicando que as empresas que trabalham com outdoor atuam com a locação de espaços publicitários, sejam eles fixos ou digitais. Para tanto, é feito o estudo da localização, que se baseia no entendimento do entorno do espaço publicitário, para possibilitar a captura do perfil de indivíduos que circulam na região e quais produtos e/ou serviços seriam mais sensíveis à publicidade nessa localidade.

Para entender o perfil de impacto, existe também a base de cálculo da precificação e o entendimento comercial que se baseia em CPI, custo por impacto, e CPM, custo por mil. Esse entendimento visa estabelecer o número de pessoas diretamente impactadas pela publicidade, seja pelo potencial do local ou pelo que foi realizado a partir da tecnologia de leitura de impactos empregada.

A exposição de outdoor é colocada com diferenciação para que o impacto não seja dividido por clientes diferentes que possam concorrer no mesmo segmento, e a leitura da disposição dos espaços é estudada a partir do planejamento da campanha, sendo recomendado, para uma campanha de sustentação, um período de dois a três meses.

É importante ressaltar que esse período é utilizado de maneira randômica, podendo existir troca de lona nos pontos estáticos para que a campanha tenha uma continuidade, ou no canal digital com uma história sendo contada por meio de uma linearidade nas peças. O período de dois a três meses não determina que a mesma informação será mostrada seguidamente nesse período, mas que o local alugado ficará disponível para a campanha.

O papel das empresas que trabalham locando esses espaços é assessorar o planejamento de mídia *versus* os indicadores de localização do espaço, mas não necessariamente ofertar superficialmente os locais mais propícios, visto que, ainda que a audiência esteja presente naquele local, o não planejamento correto da utilização dos mecanismos, estáticos ou digitais, assim como o período de sustentação, podem não acarretar os resultados esperados.

Dentre os KPI trabalhados, existem tecnologias que atuam na captura do sinal de wi-fi da localização, dando indícios de quem é o público atingido pela publicidade. A partir dessa tecnologia, pode-se estabelecer quantas vezes a pessoa foi impactada e como se estabelece tal frequência.

Além dos números de impactados e respectiva frequência, a captura do sinal de wi-fi também possibilita a análise dos aplicativos mais utilizados, por meio da ativação da localização. Esse dado permite que sejam analisados os perfis das pessoas, incluindo sexo, idade e classe social.

Por meio da análise do fluxo de pessoas e do entendimento da audiência, é possível analisar a previsão e o que foi realizado quanto ao CPI, visualizando indicadores de rentabilidade e efetividade desse canal.

O outdoor é visto como uma possibilidade de vender, mas também de praticar branding. São duas vertentes que caminham em conjunto, pois não se trata de uma mídia para a primeira exposição de uma empresa, mas para a consolidação de uma campanha específica que tenha foco e prazo determinado.

ANTES, REFLITA:

Seu cliente será realmente impactado por um Outdoor? Quanto tempo por dia ele fica no trânsito?

⚠ **Perguntas antes de contratar uma empresa de Outdoor:**
- Qual o público-alvo do seu negócio ou marca?
- Sua marca tem um relacionamento estreito com o público?
- Se você deseja mudar o público-alvo, já sabe quem ele é?
- O que você espera realmente dessa estratégia de Outdoor?

⚠ **Pesquise no Google "Empresa de Outdoor":**
A. Realize a pesquisa com cinco potenciais fornecedores.
B. Verifique a reputação dos cinco fornecedores cotados.
C. Solicite cases de sucesso aos cinco fornecedores.
D. Envie o contrato de prestação de serviço dos cinco fornecedores para uma análise jurídica.
E. Com base nas análises (A, B, C, D), escolha a empresa em que você sentiu mais confiança.
F. Solicite semanalmente métricas de desempenho.
G. Caso o outdoor seja um dos canais de aquisição que você testará, fique atento a qual estágio de visibilidade sua empresa alcançará nos próximos meses (Alta ou Baixa).

RÁDIO

Para algumas pessoas, a divulgação por rádio pode parecer ultrapassada, mas não é bem assim. Com planejamento de comunicação, de marketing e, mais uma vez, conhecimento do público, essa pode ser uma opção vantajosa para sua empresa. Assim como nos comerciais de TV, esse tipo de divulgação "entra na programação" com algumas diferenças, que veremos logo adiante.

É claro que é preciso, como mencionado tantas outras vezes neste livro, planejar para que a divulgação seja feita com qualidade e eficiência, em estações de rádio que seu público costuma ouvir.

As vantagens em divulgar seu produto ou serviço no rádio são as seguintes:

O rádio está em todo lugar

Se antes as pessoas ouviam rádio apenas em casa e no carro, atualmente, com os smartphones e computadores, ampliaram-se as possibilidades. Ou seja, em qualquer lugar é possível sintonizar a estação da sua preferência e da preferência do seu público.

Rapidez para ir ao ar

As campanhas no rádio, com um bom planejamento de marketing, não demoram muito para ir ao ar. Isso quer dizer que em poucas horas um comercial da sua empresa pode ser ouvido por seus clientes.

Investimento baixo

Você pode não acreditar, mas o investimento para divulgar sua marca na rádio gira em torno de 12 a 18 reais por chamada de 12 a 30 segundos. Nesse curto tempo, milhares de pessoas podem conhecer seu produto, serviço ou alguma promoção de sua marca.

O locutor influencia na compra

Assim como na internet, há os influenciadores digitais no rádio. Quando um locutor divulga um produto ou serviço, as pessoas sentem confiança no que ele diz e há maiores chances de que busquem mais informações e realizem a compra.

Sorteios e brindes

No rádio, os ouvintes podem entrar em contato, a depender da promoção divulgada, para participar de sorteios e ganhar brindes. Essas ações podem ajudar as pessoas a conhecerem mais sua marca, a se aproximarem dela e, se gostarem do que você oferece, se tornarem clientes.

Linguagem simples e direta

A divulgação no rádio é feita de maneira simples e direta, o que permite um alcance de variados públicos. Se esse é o objetivo da sua empresa, esse canal pode ser uma ótima escolha.

Transmissão de qualquer lugar e a qualquer momento

Para entrar em contato com uma estação de rádio e fazer a divulgação da sua marca, você não precisa estar fisicamente presente. Ou seja, por meio de uma ligação, mensagens de WhatsApp e e-mail, a comunicação pode ser feita e a sua campanha pode ir ao ar em rádios ouvidas em todos os cantos do país.

Por fim, ressaltamos que nem todas as empresas precisam utilizar esse canal de aquisição. Como em outros casos, tudo dependerá do público a ser alcançado, do perfil da sua marca e do planejamento para que as propagandas sejam feitas de maneira a trazer resultados para sua empresa.

ANTES, REFLITA:

Seu concorrente faz algum comercial usando rádio?

⚠ **Faça uma pesquisa com o cliente/persona que você deseja alcançar com o objetivo de identificar os seguintes itens:**
   A. Quando ele escuta algum programa de rádio, se sente atraído ou se lembra daquela empresa ou marca apresentada?
   B. Realize a pesquisa com vinte potenciais clientes.
   C. Durante essa pesquisa, é fundamental fazer perguntas que retirem o máximo possível de informações.
   D. Insira esses dados em uma planilha e faça a comparação das respostas.

⚠ **Pesquise no Google "Contratar uma Rádio":**
   A. Realize a pesquisa com cinco potenciais fornecedores.
   B. Verifique a reputação dos cinco fornecedores cotados.
   C. Solicite cases de sucesso aos cinco fornecedores.
   D. Envie o contrato de prestação de serviço dos cinco fornecedores para uma análise jurídica.
   E. Com base nas análises (A, B, C, D), escolha a empresa em que você sentiu mais confiança.
   F. Solicite semanalmente métricas de desempenho.
   G. Caso o rádio seja um dos canais de aquisição que você testará, fique atento a qual estágio de visibilidade sua empresa alcançará nos próximos meses (Alta ou Baixa).

CHATBOT E INTELIGÊNCIA ARTIFICIAL

O chatbot e a Inteligência Artificial são ferramentas incríveis que podem ser colocadas a serviço da aquisição de clientes. Atualmente, o chatbot atua como assistente virtual conectado a canais de atendimento da empresa, para atender aos clientes de forma rápida e assertiva.

Já a Inteligência Artificial entende a interação e consegue responder com habilidades programadas. Ela faz o direcionamento, caso não saiba responder, e encaminha o cliente para canais formais de comunicação e relacionamento, possibilitando que todas as informações sejam prestadas, mas que os canais de atendimento sejam otimizados e agilizados para o amplo atendimento das demandas.

Atualmente, o chatbot e a Inteligência Artificial são utilizados para as seguintes ações: prospecção e qualificação de leads, nutrição da base, coleta de dados, atendimento ao cliente, recomendações, sugestões e campanhas ativas.

Essas funcionalidades estão disponíveis por meio da automatização do processo e são programadas a partir da fraseologia da experiência do usuário, atuando na coleta e na integração de informações, conectando-as aos canais disponíveis.

A partir do momento do contato entre cliente e empresa, um sistema orquestra a comunicação e estabelece diretamente as frentes de CRM ou direciona para um atendente, que receberá as informações passadas anteriormente ao sistema.

Tanto o chatbot quanto a Inteligência artificial atuam a partir da programação de respostas que facilitam o atendimento primário das necessidades do cliente, e também como ferramentas capazes de capturar informações que servirão à companhia como base do CRM para aplicação no planejamento estratégico de vendas. Ambos trabalham com margem da exceção, então, o que fugir de sua programação será encaminhado para outra base de relacionamento com o cliente.

É difícil estimar a taxa de conversão desse canal, uma vez que ele não atua exclusivamente como canal de aquisição, mas com o viés principal de relacionamento. Algumas empresas ainda se encontram em fase inicial de utilização da ferramenta como prospecção ativa.

Dentre os canais de relacionamento, vale ressaltar que atualmente o WhatsApp representa 70% da melhor fonte de captura básica de informações e relacionamento com o cliente. Desta maneira, as empresas que optam por disponibilizar essa ferramenta em seus sites ou canais de relacionamento tendem a obter maior êxito em sua operação.

Na prática:

- Algumas empresas de telefonia, por exemplo, têm utilizado os chatbots para agilizar o atendimento, solucionar dúvidas comuns e realizar alterações nos pacotes de serviços de clientes, como alteração de plano e data de vencimento da fatura. São ações que antes eram feitas por meio de ligações e hoje são realizadas com muita eficiência por meio de robôs.

- Outro exemplo do uso de chatbot é a possibilidade de chamar um motorista de aplicativo para uma corrida quando se recebe um endereço por mensagem no Facebook. Clicando na localização, o usuário é direcionado ao aplicativo e consegue chamar o motorista.

- Alguns bancos mais conectados às tendências de mercado e às necessidades de seus clientes disponibilizam por meio de chatbots o envio de conteúdo por mensagem ou até mesmo dentro do aplicativo do banco, por meio de um assistente virtual. Esse conteúdo pode se relacionar a um interesse do cliente, como investimentos e dúvidas sobre tarifas ou transações.

⚠️ **Faça uma pesquisa com o cliente/persona que você deseja alcançar com o objetivo de identificar os seguintes itens:**
- A. Quando ele busca informações profissionais em relação a dúvidas e problemas do dia a dia, quais veículos digitais acessa? (*site do fabricante, Google, redes sociais, YouTube, WhatsApp, Telegram, outro*)
- B. Realize a pesquisa com vinte potenciais clientes.
- C. É fundamental, durante essa pesquisa, fazer perguntas que retirem o máximo possível de informações.
- D. Insira esses dados em uma planilha e faça a comparação das respostas.
- E. Os veículos com maior repetição serão aqueles em que você deverá investir inicialmente.

⚠️ **Pesquise seus principais concorrentes:**
- A. Como se posicionam no mundo digital?
- B. Qual o nível de engajamento das pessoas que consomem o conteúdo que eles produzem?
- C. Eles têm um chatbot em seus sites oficiais ou nas redes sociais?
- D. Realize a pesquisa com ao menos três potenciais concorrentes.

⚠ **Faça uma pesquisa de fornecedores para te ajudar a implantar um chatbot:**

A. Realize a pesquisa com cinco potenciais fornecedores.

B. Apresente o resultado de suas pesquisas.

C. Solicite a cotação baseado nos seus aprendizados com as duas primeiras ações.

D. Verifique a reputação dos cinco fornecedores cotados.

E. Solicite cases de sucesso aos cinco fornecedores.

F. Envie o contrato de prestação de serviço dos cinco fornecedores para uma análise jurídica.

G. Com base nas análises (A, B, C, D, E, F), escolha a empresa em que você sentiu mais confiança.

H. Solicite semanalmente métricas de desempenho.

I. Caso o chatbot seja um dos canais de aquisição que você testará, fique atento a qual estágio de visibilidade sua empresa alcançará nos próximos meses (Alta ou Baixa).

PROSPECÇÃO OUTBOUND

Diferente do Inbound Marketing, em que as ações têm o objetivo de atrair o público, a prospecção outbound é uma estratégia de marketing em que as empresas fazem o movimento de ir atrás de seu público de maneira ativa.

Exemplos de Outbound Marketing conhecidos são as campanhas de TV e de mídia paga, que interrompem as pessoas. Atualmente, o que se faz é criar fluxos de prospecção para gerar oportunidades de vendas. Isso é feito, em geral, quando a empresa tem como público outras empresas maiores, com forte presença digital, em sites, redes sociais e outros. Dessa forma, podemos dizer que o foco é mais direto e objetivo nesse público.

As vantagens do Outbound Marketing são um tempo menor de ROI, ou seja, de retorno de investimento, pois a empresa não precisa esperar muito por uma aproximação do cliente, como no Inbound Marketing, e também a assertividade na escolha dos leads e, consequentemente, do melhor canal de contato. Para entender melhor as vantagens da prospecção outbound, explicaremos passo a passo como ela deve ser feita.

Análise de mercado e seleção de potenciais clientes

Para realizar o outbound de maneira efetiva, é importante realizar um processo de análise de mercado, dos potenciais clientes e de quais canais devem ser utilizados para entrar em contato com eles, como e-mail, telefone e LinkedIn, por exemplo. O objetivo é definir o cliente ideal e os canais com maiores chances de resposta. No Outbound Marketing, o foco são leads qualificados, ou seja, a escolha é mais voltada para a qualidade, no sentido de seu potencial lead se tornar cliente.

Fluxo de prospecção

Feito isso, o próximo passo é planejar e criar um fluxo de prospecção utilizando diversos canais para fazer esse contato. Isso porque, em média, são necessárias seis tentativas de contato para esse tipo de cliente. Ou seja, não adianta tentar uma vez apenas e desistir, é preciso respeitar o fluxo de prospecção para alcançar melhores resultados. Esse processo tem como objetivo avaliar e selecionar as empresas que de fato são leads qualificados, ou seja, aquelas com reais chances de se tornarem clientes.

Esse contato deve trazer informações sobre as soluções que a empresa oferece, a busca por entender as dores desses leads e uma chamada para que eles respondam de maneira positiva a quem está do outro lado do telefone ou da mensagem, no caso de contato por e-mail ou redes sociais.

Nesse sentido, ressaltamos a importância de separar as funções de quem realiza essas tentativas de contato e de quem realiza as vendas propriamente, o que melhora a produtividade durante o processo. Ou seja, é preciso ter uma pessoa ou uma equipe focada na prospecção e outra focada em fechar negócio apenas com os leads considerados qualificados.

Por fim, é imprescindível testar os canais de comunicação utilizados, analisar os resultados obtidos e, a partir disso, aperfeiçoar as ações a fim de aumentar o êxito.

PROSPECÇÃO OUTBOUND POR MEIO DO LINKEDIN

Uma ferramenta poderosa de prospecção outbound de clientes é o LinkedIn. Hoje em dia, muitas empresas atuam no desenvolvimento de softwares para geração de leads e identificação de potenciais clientes.

São ferramentas poderosas, pois estamos falando de um público de 690 milhões de usuários do LinkedIn no mundo, e aproximadamente 40 milhões de usuários no Brasil, representados por 20 milhões de empresas.

Essas empresas desenvolvem ferramentas de busca filtram por meio do público-alvo e automação dentro das possibilidades de conexão da plataforma. Nessas buscas, existe a delimitação do público-alvo de uma campanha de vendas e, portanto, diretamente impactado por uma mensagem personificada com um número de caracteres restritos, mas completa e direta o suficiente para obter uma boa taxa de conversão.

Para entender melhor como tais ferramentas funcionam, no geral estamos considerando que, por meio de uma busca inicial pelo público-alvo, uma lista de contatos é gerada e migrada para um software, que por sua vez gerará uma campanha de vendas.

Essa campanha de vendas é iniciada pela personificação da mensagem aos possíveis clientes, o que determina a primeira base de impacto para o contato com o público-alvo. A taxa de aceite é mensurada por meio das mensagens recebidas por esses profissionais, e a taxa de conversão fica por conta dos retornos dessas mensagens, que estabelecem a base para contatos futuros e mais profundos para dar seguimento à venda.

Além de serem ferramentas úteis para a venda em si, também podem ajudar a iniciar o relacionamento comercial e criar um cenário para interações futuras, não sendo necessário que o tema de venda seja tratado nesse primeiro contato.

O ideal é que essas possibilidades englobem uma rede de relacionamento profissional que possa viabilizar contatos por meio da identificação dos tomadores de decisão vinculados ao produto que você deseja vender.

Trata-se de um caminho para uma estratégia consistente de outbound, em que seus contatos diretos serão identificados e impactados por uma mensagem que os fará ter vontade de conhecer sua empresa ou produto.

Os indicadores gerados por essas ferramentas auxiliam na determinação da estratégia adotada e no entendimento dos caminhos a serem tomados para que suas vendas aconteçam.

É importante ressaltar que, como ferramenta inicial de contato, a mensagem deve impactar de forma objetiva e clara, além de capturar a "dor" do seu cliente final, para que ele se sinta atendido por seu produto e tenha o desejo de conhecê-lo. Assim, ele poderá entrar em contato para obter maiores detalhes.

GAMIFICAÇÃO COMO ESTRATÉGIA PARA IMPULSIONAR SEU TIME DE PROSPECÇÃO

A tecnologia surge como grande aliada comercial no desenvolvimento de novas plataformas e redes sociais profissionais. Além de estabelecer o ponto de encontro entre cliente e fornecedor, também auxilia no desenvolvimento de ferramentas de motivação e engajamento de times para aumentar o volume de vendas e otimizar uma equipe comercial.

Nesse sentido, surge a gamificação como conceito atrelado a metodologias de engajamento e desenvolvimento de estratégias para que os colaboradores entreguem mais resultados.

A gamificação busca melhor engajamento, reconhecimento de performance diferenciada, competição em equipes e aprendizagem.

O contexto de competição é trabalhado por meio da reputação do funcionário, que é recompensado mediante o reconhecimento diferenciado do resultado obtido.

Na gamificação, existe a interface de um sistema, que pode ser um aplicativo ou um sistema web integrado, utilizado pela empresa para mensuração de resultados e estabelecimento de métricas e indicadores.

Por meio dessas métricas, são determinados os targets almejados para melhorar a performance e destacar as entregas que estejam além do praticado no momento da implementação.

Com retrato do cenário atual, é possível programar para o contexto desejado para o time, considerando a cultura de performance como base para a estratégia comercial.

Além da mensuração, o sistema de aprendizagem atinge de forma mais eficaz cada colaborador que busca conhecimento como forma de se diferenciar de seus pares e adquirir reconhecimento e destaque. Esse sistema de aprendizagem se mostra mais eficiente do que universidades corporativas, que tratam o conhecimento de maneira mais massificada e não estabelecem parâmetros de diferenciação.

A diferenciação surge como maneira de reconhecer os melhores profissionais, mas também como meio de recuperar performances que estejam abaixo da curva esperada. A recuperação se dá por meio de capacitação e estímulo frequente, que engaje e contagie o colaborador a bater sua meta e conseguir entregar além do resultado esperado.

A gamificação permite a criação de campanhas para controlar a performance de vendas e estabelecer competições em tempo real. Apesar de criar um ambiente de competitividade, não existe hostilidade pela busca de resultados, mas sim o envolvimento de cada colaborador com os resultados coletivos da companhia.

Neste sentido, essa ferramenta atua como estratégia para aumento de performance e melhoria de resultados com a métrica, engajando o colaborador para produzir mais e melhor.

⚠️ **Faça uma pesquisa com o cliente/persona que você deseja alcançar, com o objetivo de identificar os seguintes itens:**

A. Quando ele busca informações profissionais em relação a dúvidas e problemas do dia adia, quais veículos digitais ele acessa? *(site do fabricante, Google, redes sociais, YouTube, WhatsApp, Telegram, outro)*

B. Ele recebe visitas presenciais de vendedores?

C. Ele faz conferência online com vendedores?

D. Ele tem um telefone para receber ligações de prospecção?

E. Ele tem perfil no LinkedIn para ser abordado na prospecção?

F. Ele tem caixa de e-mail para ser abordado na prospecção?

G. Realize a pesquisa com vinte potenciais clientes.

H. É fundamental, durante essa pesquisa, fazer perguntas que retirem o máximo possível de informações.

I. Insira esses dados em uma planilha e faça a comparação das respostas.

J. Os veículos com maior repetição serão aqueles em que você deverá investir inicialmente.

⚠️ **Pesquise fornecedores para ajudá-lo na implantação da Gamificação de Prospecção:**

A. Realize a pesquisa com cinco potenciais fornecedores.

B. Apresente o resultado das suas pesquisas.

C. Solicite a cotação baseado em seus aprendizados com as duas primeiras ações.
D. Verifique a reputação dos cinco fornecedores cotados.
E. Solicite cases de sucesso aos cinco fornecedores.
F. Envie o contrato de prestação de serviço dos cinco fornecedores para uma análise jurídica.
G. Com base nas análises (A, B, C, D, E, F), escolha a empresa em que você sentiu mais confiança.
H. Solicite semanalmente métricas de desempenho.
I. Caso a gamificação seja um dos canais de aquisição que você testará, fique atento a qual estágio de visibilidade sua empresa alcançará nos próximos meses (Alta ou Baixa).

NEGÓCIOS COM NETWORK

Quando falamos em negócios de sucesso, é praticamente impossível não pensar em networking. A palavra network significa rede de contatos, já o networking são as relações que um empreendedor constrói e mantém ativas com profissionais de diferentes áreas de atuação. Manter essas relações é de extrema importância para a troca de informações e conhecimento, além de estabelecer parcerias que podem trazer vantagens para as partes envolvidas.

E como é possível construir network para colocar em prática o networking?

Para construir e enriquecer uma rede de contatos, é preciso se abrir para conhecer outros profissionais. Participar de eventos e palestras é um ótimo caminho, mas é preciso selecionar os eventos que fazem sentido para sua empresa. Pesquise e escolha os que se alinham a áreas de atuação correlatas à sua, que terão como pautas assuntos relevantes e visões mais parecidas com as da sua marca.

Obviamente, em um ambiente assim, há maiores chances de você conhecer pessoas interessantes, que podem fazer parte da sua rede de contatos e até construir parcerias de negócios com você. Aliado a isso, procure também apresentar sua empresa, o que você faz, de maneira que esses contatos conheçam e se lembrem de você quando precisarem das soluções que sua marca oferece. Eles podem se tornar clientes ou indicar novos clientes a sua empresa, e isso pode gerar novas oportunidades de negócios.

Além da construção dessa rede de contatos, uma vantagem do networking é que, ao conversar com outros profissionais que estão no mercado, você se mantém atualizado e atento aos acontecimentos e às possibilidades de mudanças que afetam seu negócio. O networking é tão importante que existem grupos de empresários que se encontram regularmente (de modo virtual e/ou presencial), o que é ótimo para todos os envolvidos e suas empresas, gerando troca de conhecimento e de informações.

Dessa forma, suas ideias não ficarão estagnadas, você conhecerá perspectivas diferentes da sua e poderá pensar em novas soluções para o seu negócio e em maneiras de alcançar melhores resultados. Manter-se aberto ao que a sua rede de contatos tem a dizer, trocar informações e ter boas conversas são ações importantes para que se esteja sempre fora da zona de conforto e atento a novas tendências e a inovações do mercado, o que é bom para você e melhor ainda para a sua empresa.

Portanto, podemos afirmar que network e networking devem ser prioridades de todos os que entendem que sozinhos é possível realizar muitas coisas interessantes e alcançar bons resultados, mas agregar ideias, pensar junto com outras pessoas, que também buscam resultados, pode trazer novos insights, ajudando sua empresa a se manter sempre atualizada e em movimento, de acordo com as demandas do mercado. Consequentemente, abrem-se novos caminhos para melhores resultados. Por isso, para empreender, não basta estabelecer propósito e valores bem consolidados, é preciso também se abrir para novas e enriquecedoras relações profissionais.

ANTES, EXECUTE:

Pesquise se seus concorrentes estão organizando eventos de vendas com o objetivo de conquistar mais clientes.

⚠ **Perguntas antes de contratar uma empresa de Organização de Eventos de Negócios com Network (mesma estratégia do Canal de Aquisição *"Evento"*):**

- Qual o público-alvo do seu negócio ou marca?
- Sua marca tem um relacionamento estreito com o público?
- Se você deseja mudar o público-alvo, já sabe quem ele é?
- O que você espera realmente desta estratégia de eventos com network?

⚠ **Pesquise no Google "Empresa de Organização de Eventos":**

A. Realize a pesquisa com cinco potenciais fornecedores.
B. Verifique a reputação dos cinco fornecedores cotados.
C. Solicite cases de sucesso aos cinco fornecedores.
D. Envie o contrato de prestação de serviço dos cinco fornecedores para uma análise jurídica.
E. Com base nas análises (A, B, C, D), escolha a empresa em que você sentiu mais confiança.
F. Solicite semanalmente métricas de desempenho.
G. Caso eventos sejam um dos canais de aquisição que você testará, fique atento a qual estágio de visibilidade sua empresa alcançará nos próximos meses (Alta ou Baixa).

AGORA É COM VOCÊ!

⚠ Defina quais canais de aquisição testará com o objetivo de que você e sua empresa *Sejam Vistos* o máximo possível por potenciais clientes!

Figura 10 • Canais de aquisição "Seja Visto"

Não está sendo visto, porém é lembrado!

3
Boa Afinidade
Baixa Visibilidade

Nem visto e nem lembrado!

4
Má Afinidade
Baixa Visibilidade

- Inbound marketing
- E-mail marketing
- Propaganda
- Influenciadores digitais
- Marketing viral
- Marketing de conteúdo
- Blog
- SEM
- Marketing de comunidade
- Ads offline
- Marketing de afiliados
- Assessoria de imprensa
- Eventos
- Feiras de negócios
- Panfletos e cartões de visita impressos
- Outdoor
- Rádio
- Chatbot e inteligência artificial
- Prospecção outbound
- Prospecção outbound através do LinkedIn
- Gamificação como estratégia para impulsionar seu time de prospeção
- Negócios com network

Passo a passo

Defina uma forma de aumentar sua visibilidade em uma das vendas que está fazendo no momento.

1. Identifique quem é seu cliente (empresas ou pessoas alvo).
2. Identifique os melhores canais de visibilidade.

3. Monte uma cadência de contatos.
4. CRM — Registre o status de cada ponto de contato.
5. Faça *follow-ups* em intervalos curtos e vá espaçando com o tempo.
6. Registre os motivos de perda.
7. Mensure o ROI.

O que é ROI?

Significa "retorno sobre investimento".

FÓRMULA DE ROI = (valor arrecadado − investimento) / investimento

Exemplo:
Uma empresa investiu R$ 1.000 em campanhas de marketing para a conquista de novos clientes.

Depois de um tempo, o faturamento em novos negócios foi de R$ 10.000.

ROI = (R$ 10.000 − R$ 1.000) / R$ 1.000

ROI = 9

ROI (%) = 9 x 100 = 900%

O retorno foi de 9x o valor investido, ou 900%, tornando o negócio mais lucrativo!

Quais métricas deve-se rastrear?

- Taxa de fechamento.
- Custo de Aquisição de Clientes (CAC).

- Valor da vida útil do cliente (LTV).
- Potencial de vendas presente no CRM.
- Tempo do ciclo de vendas.

Agora partiremos para a segunda parte, tão importante quanto a primeira.

Apresentaremos algumas atitudes e comportamentos que ajudarão a deixar uma impressão positiva na memória das pessoas sobre você e a sua marca!

Retomando a nossa Matriz SEJA VISTO E LEMBRADO, falaremos da segunda parte, a que se refere à AFINIDADE da sua marca.

CAPÍTULO 3

CAPÍTULO 3
...e Lembrado

Neste capítulo, olharemos para a AFINIDADE da sua empresa, o que faz com que os clientes se lembrem da sua marca de maneira positiva. Essa identificação é essencial, afinal, ser visto não é o suficiente. É importante que sua empresa construa uma relação com os clientes, sejam pessoas ou outras empresas.

Figura 11 • Má afinidade

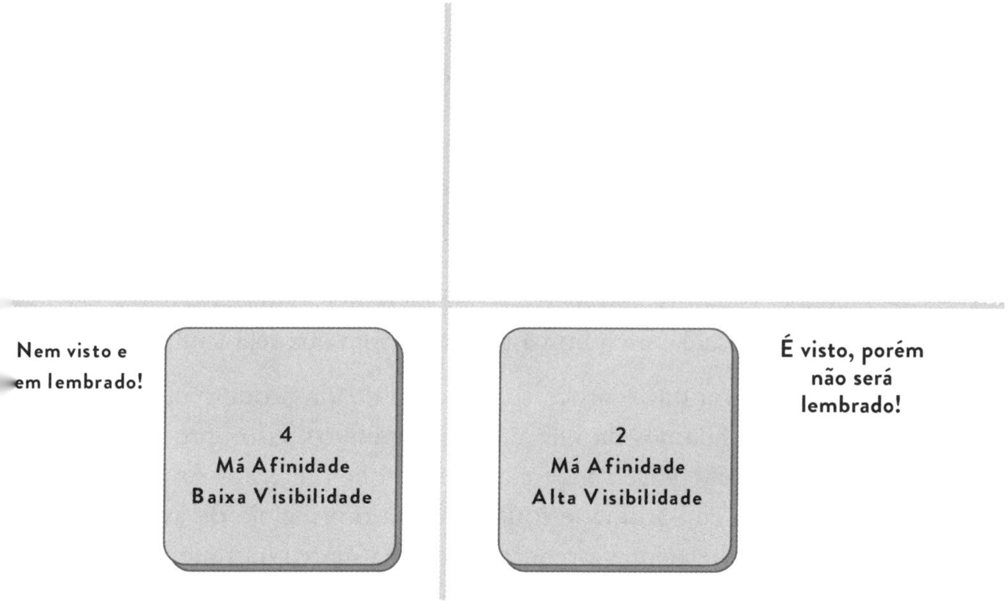

Nem visto e em lembrado!

4
Má Afinidade
Baixa Visibilidade

2
Má Afinidade
Alta Visibilidade

É visto, porém não será lembrado!

AFINIDADE, UM PRINCÍPIO DE PERSUASÃO

*"Somos mais propensos
a ser influenciados pelas
pessoas de que gostamos."*

Robert Cialdini

Reflita

Se você ligasse para seus clientes e realizasse a seguinte pergunta:

"Caro cliente, como você se sentiria hoje se não pudesse mais usar nosso produto ou serviço ou ter contato conosco?"

A. Muito desapontado.

B. Um pouco desapontado.

C. Não me sentiria desapontado.

Qual opção você acredita que eles escolheriam?

A **afinidade** é uma relação de semelhança. É aquilo que ao menos dois elementos têm em comum entre si.

Entender o significado da palavra é fácil, mas o que isso tem a ver com a sua empresa e com a busca por fazer com que seja lembrada?

Podemos dizer que o processo de venda de um produto ou serviço começa quando falamos da relação com o público. Isso porque, antes de apresentar o que você vende e a solução que oferece, é preciso que essa relação seja construída, e é aí que entra o princípio da afinidade. Esse princípio se relaciona à reputação da sua marca, porque faz parte da imagem que sua empresa terá perante as pessoas. Isso inclui não apenas o oferecimento de bons produtos/serviços e um atendimento de excelência, mas o comportamento diante das pessoas, sejam clientes ou parceiros.

Para encontrar essa relação de semelhança entre você e seu público, é preciso conhecê-lo, saber quem ele é, seus hábitos, interesses, dores e objeções. Com essas informações, é possível começar a pensar em como se conectar com ele a partir das semelhanças entre vocês. E quando falamos "vocês", nos referimos a uma empresa e aos seus colaboradores, que agirão para alcançar o objetivo de construir uma relação com seu público antes de pensar na venda em si. Obviamente, vendas e resultados são objetivos de toda empresa, mas antes disso há um caminho a ser percorrido para que uma empresa venda e, mais importante, conquiste e construa uma relação profunda e sólida com seus clientes. É por isso que destrinchar o princípio da afinidade é essencial!

Pesquisas demonstram que as pessoas tendem a se abrir mais para gente de quem gostam, com quem têm semelhanças, ou seja, com quem sentem AFINIDADE. Essa afinidade aproxima as pessoas, faz com que elas se abram para ver os pontos positivos da sua empresa. A partir da afinidade, são gerados identificação, conforto, confiança e segurança, sentimentos importantes para vendedores e empresas que buscam construir relações sólidas com seu público e, consequentemente, uma BOA AFINIDADE.

Para ilustrar isso, uma pesquisa prática mostrou que, em situações de negociação, as chances de bons resultados aumentam quando as pessoas sabem informações umas das outras, ou seja, conhecem seu interlocutor. A partir desse conhecimento, inicia-se o processo de humanização de quem está do outro lado da negociação. É claro que não basta conhecer a pessoa, é preciso agir sobre essas informações. E como isso pode ser feito?

Essa mesma pesquisa comprovou que as negociações que alcançaram resultados satisfatórios foram aquelas em que as pessoas envolvidas não apenas sabiam informações sobre as outras, mas tinham pontos em comum em relação a hábitos e interesses. Ou seja, havia AFINIDADE.

A afinidade torna as relações mais afetivas, menos frias, leva as pessoas a se sentirem acolhidas e a não se sentirem sozinhas. No processo de vendas, essa construção mais afetiva da relação com o público é essencial, seja presencial ou online.

Portanto, quando planejamos como será o processo para conquistar clientes, o primeiro passo é conhecê-los. Atualmente, com a presença digital, é mais fácil entender comportamentos e interesses de pessoas e grupos. As redes sociais e suas métricas, por exemplo, ajudam muito a entender tendências de comportamento, e isso precisa ser olhado e usado na busca por conhecer seu público e construir estratégias para se aproximar dele, conquistando-o por meio da compatibilidade que possa ter com sua marca.

Para colocar em prática o princípio da afinidade, é preciso ultrapassar as barreiras da relação fria e puramente voltada à venda, é preciso encontrar pontos em comum e buscar construir relações para humanizar as marcas, e isso só pode ser feito efetivamente por meio de pesquisas de mercado, definição de personas e ações práticas com foco no cliente, em seus interesses e suas dores.

Voltando à nossa matriz, essa relação de afinidade, construída a partir do conhecimento do seu público, permite que você escolha o caminho percorrido para que esse público veja os valores e pontos em comum com a sua marca, o que, como dissemos, deve ir além de bons produtos. Dizem respeito também a comportamentos. É como se o seu cliente olhasse para sua marca e enxergasse nela características que admira, o que faz com que a veja com bons olhos. Esse olhar é fundamental para como a sua empresa é lembrada, ou seja, para a AFINIDADE dela.

*"Ninguém quer o seu produto,
mas o benefício que ele oferece."*

*"O atributo relacionado com o
produto/serviço/benefício
'está relacionado' com a pessoa
que está comprando."*

Vender hoje não significa apenas transferir mercadorias em troca de dinheiro; significa gerar **valor** para o cliente.

ANTES, REFLITA:

Seus clientes estão satisfeitos com seu produto ou serviço?

⚠ **Faça uma pesquisa com o objetivo de mensurar a satisfação do seu cliente com seu produto ou serviço:**

Realize a pesquisa com vinte clientes da sua carteira atual.

⚠ **Modelo de perguntas:**
- De modo geral, como você avalia a qualidade do atendimento realizado por nossa empresa?
- Qual área da nossa empresa, daquelas com as quais você se relaciona, acredita necessitar de alguma melhoria?
- Quais possíveis melhorias você vê em relação aos nossos produtos e serviços?
- Com relação ao atendimento da nossa empresa, que nota você daria, de 0 a 10?
- Com relação à indicação da nossa empresa, que nota você daria, de 0 a 10?

GATILHOS MENTAIS

> *"Adquirir um novo cliente pode custar até 25 vezes mais do que reter um já existente."*
>
> Harvard Business Review

A princípio, falar sobre conhecer o cliente e pensar em estratégias para construir uma relação pode parecer algo simples. O desafio é como fazer isso na prática, e uma das maneiras utilizadas para aproximar o potencial cliente da empresa são os gatilhos mentais. Para explicá-los, vamos entender por que são utilizados pelas empresas para se conectarem com seus clientes.

Como já falamos anteriormente neste livro, dentre as técnicas de vendas no mundo dos negócios, precisamos entender as pessoas, bem como suas vontades, seus medos e seus hábitos. No cérebro humano, há três maneiras de pensar: a instintiva, a emotiva e a cognitiva. Em um processo de compra, muitas vezes as pessoas não analisam tão racionalmente para tomar uma decisão, ou seja, agem dominadas por suas emoções. É aí que entram os gatilhos mentais, para estimular emoções que motivam os consumidores a decidir pela relação com uma marca e, posteriormente, pela compra de um produto ou serviço.

É importante destacar que os gatilhos mentais não devem ser utilizados para enganar os consumidores ou mentir sobre os benefícios de um produto. Devem se aliar a qualidades reais do que é oferecido, de maneira que, após a compra, os clientes se sintam satisfeitos, e não enganados.

Tendo isso claro, apresentaremos 21 gatilhos mentais que podem ser utilizados no processo de atração de clientes e de vendas.

1 – Escassez

O gatilho da escassez está relacionado à percepção de que há pouca oferta e de que algo logo poderá acabar. Em momentos de tensão, como em guerras ou mesmo na pandemia que vivemos, esse gatilho pode ser observado quando as pessoas correm para o mercado para estocar produtos em suas casas por medo de que acabem.

Em vendas, isso é usado para estimular as pessoas a decidirem rapidamente, com o mesmo objetivo: de não ficarem sem um produto ou serviço.

Podemos citar como exemplos de gatilho da escassez situações em que há poucas unidades de um produto ou poucas vagas em um curso, e essa informação é transmitida aos consumidores. A sensação é a de que "quem não comprar agora poderá ficar sem, ou de fora, porque vai acabar".

Se a estratégia for bem-sucedida, as pessoas tomam sua decisão movidas por essa percepção, realizando a compra.

Na prática:

- ☑ "Preço válido apenas para os dez primeiros matriculados no curso."
- ☑ "As três primeiras pessoas que responderem a este e-mail receberão um desconto de 25%."
- ☑ "Apenas cinco unidades disponíveis. Corra e garanta a sua!"
- ☑ "Os participantes do grupo fechado da (nome da marca) terão acesso a um conteúdo exclusivo."

ANTES, REFLITA:

Como você poderá implantar o gatilho de escassez em seu negócio?

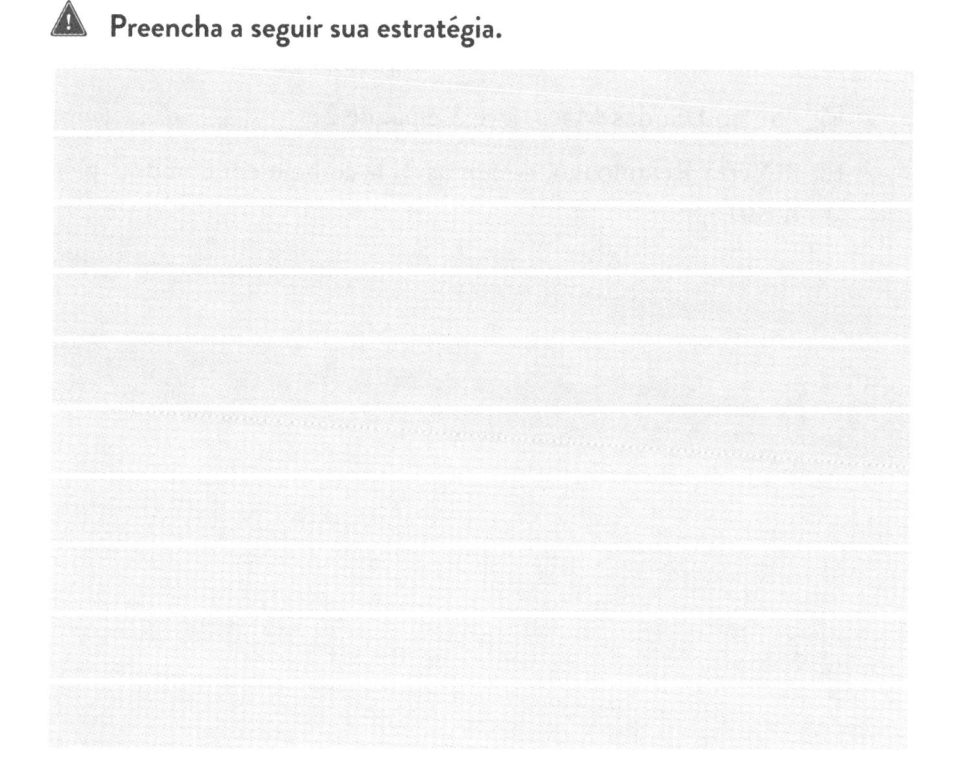

⚠ Faça uma pesquisa com o objetivo de identificar se seus concorrentes utilizam esse gatilho.

⚠ Preencha a seguir sua estratégia.

2 – Urgência

No gatilho da urgência, o tempo é o rei, ou seja, as pessoas são levadas a tomarem decisões rapidamente, porque as ofertas anunciadas duram pouco tempo.

Algumas pessoas podem confundir o gatilho da escassez com o da urgência, mas o primeiro está relacionado à oferta limitada de produtos ou serviços, e o segundo, ao curto período para que a compra seja realizada em determinadas condições.

Frases como "só hoje", "até amanhã", "nos próximos trinta minutos" são exemplos de utilização do gatilho de urgência.

Na prática:

- ☑ "Esta oferta expira em três horas."
- ☑ "Black Friday: só hoje, preços superespeciais."
- ☑ "Só no Dia das Mães, leve 3 e pague 2."
- ☑ "Oferta Relâmpago, só até as 17h de hoje em compras pelo nosso app."

SIGA O MESTRE: MÃO NA MASSA!

ANTES, REFLITA:

Como você poderá implantar o gatilho de urgência em seu negócio?

⚠ Faça uma pesquisa com o objetivo de identificar se seus concorrentes utilizam esse gatilho.

⚠ Preencha a seguir sua estratégia.

3 – Autoridade

Autoridade é um gatilho utilizado quando se constrói uma imagem positiva e de respeito sobre a marca ou produto. Isso pode ser feito por meio de depoimentos de clientes que gostaram do que compraram e da produção de conteúdo relevante, como blogs e e-books que podem ser de interesse do seu público.

O gatilho da autoridade ajuda a melhorar e dar destaque à imagem de uma marca quando procurada em buscadores como o Google, por exemplo.

Na prática:

- ☑ Uma maneira de construir a autoridade da sua marca é pedir para que seus clientes deixem no Google um feedback a respeito do seu atendimento e produto ou serviço. Isso pode ser feito se sua empresa tiver uma conta no Google Meu Negócio. Por meio de avaliações e depoimentos, é possível, aos poucos, mostrar a interessados de toda a internet a qualidade do que você oferece. Essa é uma maneira de usar o gatilho da autoridade.

- ☑ O Google Meu Negócio é gratuito e tem a vantagem de ser utilizado por grande parte das pessoas que fazem buscas na internet, tanto por quem quer conhecer uma empresa como por quem busca reviews sobre produtos e serviços de seu interesse.

SIGA O MESTRE: MÃO NA MASSA!

ANTES, REFLITA:

Como você poderá implantar o gatilho de autoridade em seu negócio?

⚠ Faça uma pesquisa com o objetivo de identificar se seus concorrentes utilizam esse gatilho.

⚠ Preencha a seguir sua estratégia.

4 — Reciprocidade

O gatilho da reciprocidade usa da vontade das pessoas de retribuírem quando recebem algo que faz bem a elas, como quando recebem algum conteúdo de qualidade e querem retribuir comprando da marca.

Note que, ainda que uma pessoa não compre imediatamente, se receber algo de positivo, pode se aproximar e buscar conexão, o que já é um passo importante para construir uma relação que pode, no futuro, se transformar em uma indicação da sua marca ou em uma venda concreta.

Na prática:

- ☑ "Assine (nome da marca) e ganhe três meses de bônus."
- ☑ "Compre o nosso curso e receba um brinde na sua casa."
- ☑ "Responda à nossa pesquisa de satisfação e ganhe um brinde especial."
- ☑ "Assine a nossa newsletter e receba toda semana um conteúdo exclusivo."

SIGA O MESTRE: MÃO NA MASSA!

ANTES, REFLITA:

Como você poderá implantar o gatilho da reciprocidade em seu negócio?

⚠ Faça uma pesquisa com o objetivo de identificar se seus concorrentes utilizam esse gatilho.

⚠ Preencha a seguir sua estratégia.

5 – Prova

O gatilho da prova está ligado à melhoria da imagem da sua marca e do seu produto ou serviço. Nesse sentido, pode ser usado por meio da divulgação de um texto ou vídeo em que um cliente fala sobre você e as soluções que oferece, comprovando a qualidade e mostrando que vale a pena se tornar um cliente, porque os benefícios são reais.

Na prática:

- ☑ O review é uma resenha que conta como foi a experiência de um usuário com o seu serviço ou produto.

- ☑ O comportamento comum do usuário atualmente, com o acesso à internet, é pesquisar muito antes de comprar. Portanto, se seu produto ou serviço for bem avaliado por um blog da área de atuação da sua empresa, isso é uma prova importante que pode influenciar as pessoas a decidirem pela compra.

SIGA O MESTRE: MÃO NA MASSA!

ANTES, REFLITA:

Como você poderá implantar o gatilho da prova em seu negócio?

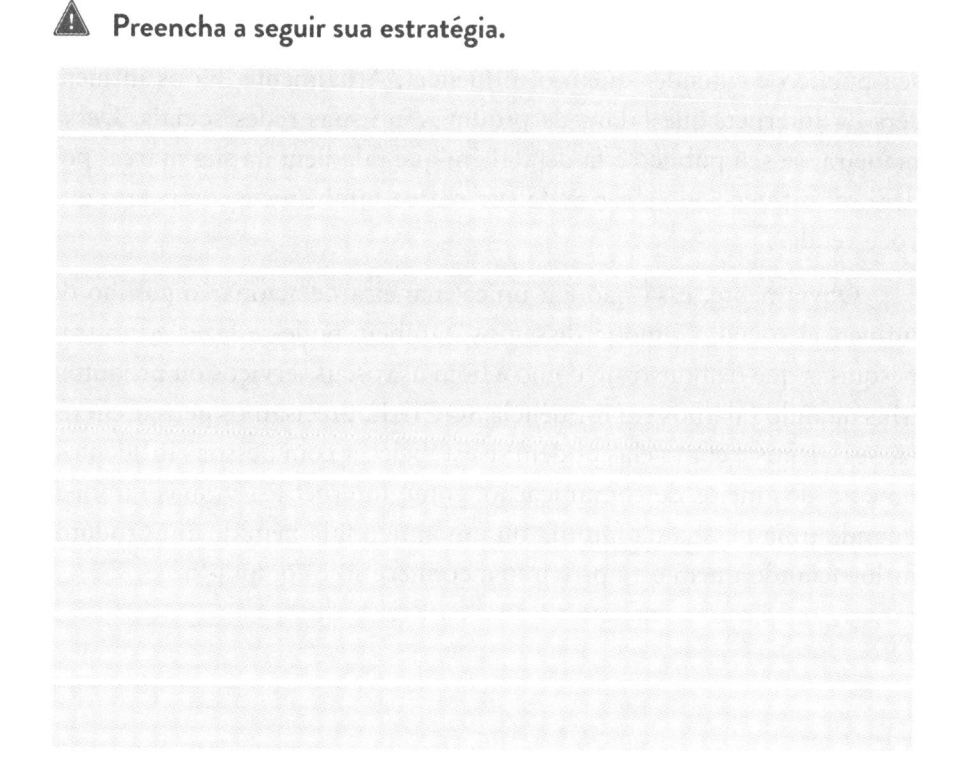

⚠ Faça uma pesquisa com o objetivo de identificar se seus concorrentes utilizam esse gatilho.

⚠ Preencha a seguir sua estratégia.

6 – Influência Social

A influência social aciona nas pessoas o desejo de pertencimento. Logo, se muita gente ou muitas pessoas que admiramos estão usando um produto, desejaremos fazer parte desse grupo também.

Dessa forma, esse gatilho pode ser utilizado com a demonstração, em números, de pessoas satisfeitas com as soluções que sua marca oferece, casos de sucesso, engajamento da sua marca nas redes sociais, visitas a seu site, entre outras ações que demonstrem que fazer parte da "sua comunidade" é vantajoso.

Na prática:

☑ Influenciadores, familiares e amigos.

Para exemplificar o uso desse gatilho, é importante olhar para o seu público e entender quem o influencia. Atualmente, há os influencers da internet, que falam de produtos em suas redes sociais. Dessa maneira, se seu público é fã de alguém que fala bem da sua marca, poderá ser influenciado a ser fã da sua marca também e a comprar o que você vende.

Obviamente, essa não é a única maneira de acionar o gatilho de influência social. Como já dissemos, também pode-se fazer e mostrar pesquisas que demonstram como é bom usar seus serviços ou produtos. Mas quando falamos em influência SOCIAL, precisamos pensar em relações sociais e como elas podem se estabelecer com pessoas influentes, no caso dos meios de comunicação, como internet e TV, mas também quando uma pessoa da família ou um amigo fala bem de um produto, influenciando quem está próximo a conhecê-lo e comprá-lo.

SIGA O MESTRE: MÃO NA MASSA!

ANTES, REFLITA:

Como você poderá implantar o gatilho da influência social em seu negócio?

⚠ Faça uma pesquisa com o objetivo de identificar se seus concorrentes utilizam esse gatilho.

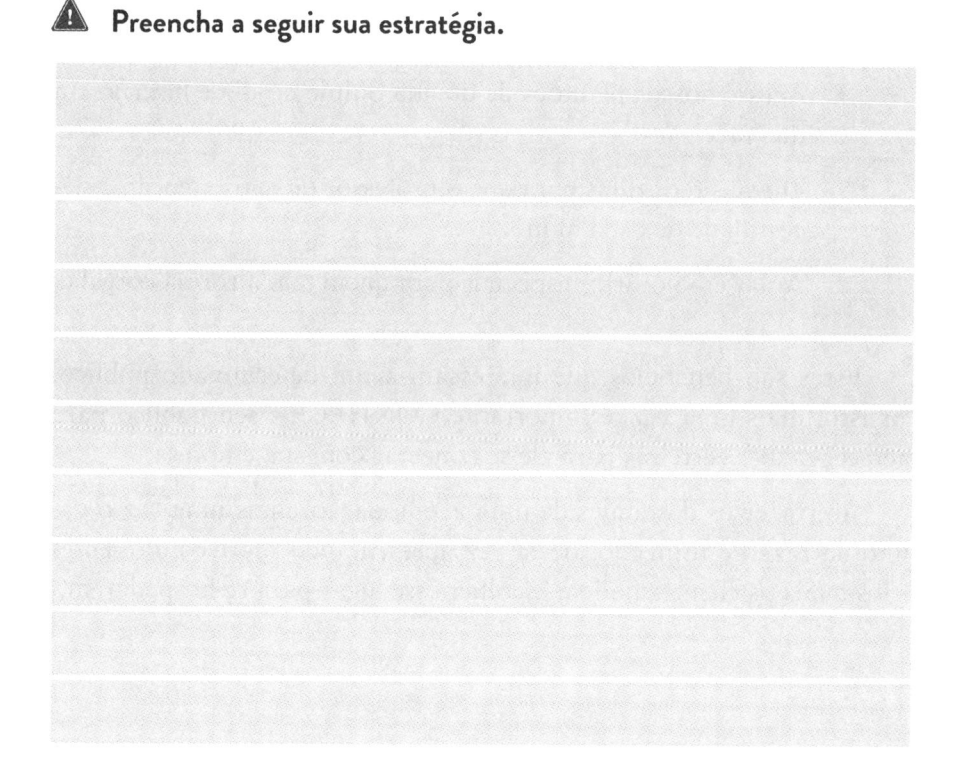

⚠ Preencha a seguir sua estratégia.

7 – Razão

No gatilho mental da razão, você dá motivos, explicações, razões pelas quais as pessoas podem confiar na sua marca e efetuar uma ação. Para isso, você deve se manter aberto a responder às dúvidas e objeções a seu produto ou serviço.

Na prática:

- ☑ Para utilizar o gatilho da razão, o foco deve ser nos PORQUÊS, nos benefícios que seu produto ou serviço oferecem que justificariam alguém escolher comprar de você e não de outra empresa.

Uma escola de inglês pode apresentar os seguintes benefícios:

- Aprenda em X meses e melhore seu currículo profissional.
- Acesse nossos plantões de dúvida online no dia e horário em que precisar.
- Turmas reduzidas para que o professor dê mais atenção à necessidade de cada aluno.
- Aulas em horários especiais para quem tem a rotina corrida.

Esses são benefícios que interessam a um determinado público. Por isso, mais uma vez, é importante CONHECER seu público para oferecer razões certeiras para ele se conectar com sua empresa.

Ao trazer os destaques de uma acomodação, mais uma vez o gatilho da razão é utilizado, desta vez apresentando motivos diferentes pelos quais os clientes podem escolher esse lugar para se hospedarem.

ANTES, REFLITA:

Como você poderá implantar o gatilho da razão em seu negócio?

⚠ Faça uma pesquisa com o objetivo de identificar se seus concorrentes utilizam esse gatilho.

⚠ Preencha a seguir sua estratégia.

8 – Antecipação

É o gatilho que leva as pessoas a criarem expectativas sobre uma experiência que viverão no futuro.

Quando uma empresa pretende lançar um produto, pode planejar "desvendar" esse produto aos poucos para seu público, com dias, semanas ou até meses de antecipação. Isso também pode ser feito por meio da realização de eventos, palestras, artigos que agucem essa expectativa sobre um produto que será lançado.

Na prática:

- ☑ Um exemplo de gatilho da antecipação muito conhecido é quando um canal de televisão ou uma plataforma de streaming, como a Netflix, lança pequenos vídeos, faz publicações nas redes sociais ou até outdoors pela cidade sobre um programa, série ou filme que será lançado em breve.

Isso instiga as pessoas a buscarem e a esperarem o grande dia em que algo muito bom estará disponível.

Esse gatilho serve tanto para motivar clientes antigos a consumirem um produto ou serviço novo como para novos clientes se interessarem pelo que você vende e ainda será lançado.

ANTES, REFLITA:

Como você poderá implantar o gatilho da antecipação em seu negócio?

⚠ **Faça uma pesquisa com o objetivo de identificar se seus concorrentes utilizam esse gatilho.**

⚠ **Preencha a seguir sua estratégia.**

9 — Novidade

Anunciar um lançamento ou modificações e melhorias em produtos ou serviços já existentes é um exemplo de como utilizar o gatilho da novidade. Isso porque nosso cérebro costuma interpretar o que é novo como algo bom (mesmo que nem sempre seja), como se houvesse possibilidade de esse novo gerar felicidade e prazer.

SIGA O MESTRE:

ANTES, REFLITA:

Como você poderá implantar o gatilho da novidade em seu negócio?

⚠ Faça uma pesquisa com o objetivo de identificar se seus concorrentes utilizam esse gatilho.

⚠ Preencha a seguir sua estratégia.

10 – Relação Dor X Prazer

Saber a dor do seu cliente é o caminho para pensar em como acabar com ela e, consequentemente, gerar algum prazer. Por isso, antes de apresentar o que seu produto ou serviço oferece, explore a realidade e os problemas, as dores do seu público, a fim de que ele perceba a necessidade de algo que acabe com essas dores.

Diante dessa percepção, aí, sim, seria o momento de apresentar seu produto, a solução prazerosa. Isso leva seu público a desejar uma experiência transformadora, representada pelo que sua empresa oferece.

ANTES, REFLITA:

Como você poderá implantar o Gatilho da Dor x Prazer em seu negócio?

⚠ Faça uma pesquisa com o objetivo de identificar se seus concorrentes utilizam esse gatilho.

⚠ Preencha a seguir sua estratégia.

11 – Paradoxo da Escolha

Quando esse gatilho é disparado, o cliente pode ter dificuldade de tomar uma decisão. Isso geralmente acontece quando há muitas opções de produtos ou serviços.

Para evitar esse tipo de situação, é interessante diminuir as possibilidades oferecidas. É como se você fizesse uma seleção dos produtos em que o cliente terá maior interesse, o que o ajudará a tomar uma decisão e aumentará a chance da compra se concretizar.

ANTES, REFLITA:

Como você poderá implantar o gatilho do paradoxo da escolha em seu negócio?

⚠ Faça uma pesquisa com o objetivo de identificar se seus concorrentes utilizam esse gatilho.

⚠ Preencha a seguir sua estratégia.

12 – Simplicidade

Pode ser tentador apresentar informações profundas sobre seu produto ou serviço, mas quando algo parece muito complexo, as pessoas tendem a se afastar.

Portanto, procure simplificar sua apresentação, para que o cliente entenda que o produto é fácil de ser manuseado e utilizado, ainda mais se os produtos similares ao seu passarem uma imagem de complexidade. Opte pelo simples!

SIGA O MESTRE: MÃO NA MASSA!

ANTES, REFLITA:

Como você poderá implantar o gatilho da simplicidade em seu negócio?

⚠ Faça uma pesquisa com o objetivo de identificar se seus concorrentes utilizam esse gatilho.

⚠ Preencha a seguir sua estratégia.

13 – Curiosidade

O gatilho da curiosidade é disparado quando há algo que queremos muito saber ou descobrir.

Para utilizá-lo, procure construir títulos chamativos que apresentem informações que instiguem a curiosidade do seu público, de modo a levá-lo a buscar por sua empresa para saber mais sobre as soluções oferecidas.

ANTES, REFLITA:

Como você poderá implantar o gatilho da curiosidade em seu negócio?

⚠ **Faça uma pesquisa com o objetivo de identificar se seus concorrentes utilizam esse gatilho.**

⚠ **Preencha a seguir sua estratégia.**

14 — Surpresa

O gatilho da surpresa pode ser utilizado por meio de ações que surpreendam seu cliente positivamente, ou seja, quando ele recebe mais do que espera, como um brinde ou um desconto para a próxima compra.

Isso não só enche os olhos do cliente, melhorando a imagem que ele tem da sua marca, como o incentiva a falar bem de você, a indicar seu produto para outras pessoas e também a comprar novamente.

ANTES, REFLITA:

Como você poderá implantar o gatilho da surpresa em seu negócio?

⚠ **Faça uma pesquisa com o objetivo de identificar se seus concorrentes utilizam esse gatilho.**

⚠ **Preencha a seguir sua estratégia.**

15 – Descaso

Apesar de parecer um gatilho negativo, o descaso tem o objetivo de mostrar ao cliente que o produto ou serviço que você oferece trará mais vantagens para ele do que para sua empresa.

Na prática, consiste em apresentar as vantagens do que está sendo oferecido sem parecer chato. Responda às objeções apresentadas destacando os benefícios que o cliente terá ao fechar a compra e adquirir seu produto ou serviço.

ANTES, REFLITA:

Como você poderá implantar o gatilho do descaso em seu negócio?

⚠ **Faça uma pesquisa com o objetivo de identificar se seus concorrentes utilizam esse gatilho.**

⚠ **Preencha a seguir sua estratégia.**

16 – Contraste

O gatilho do contraste é utilizado para demonstrar a diferença entre fatores relacionados a um produto, com o objetivo de fazer o cliente perceber que a oferta atual é a mais vantajosa e que vale a pena para ele.

É como se apresentassem um preço maior antes de apresentar um menor, o que mostrará, pelo contraste entre eles, que o cliente está sendo beneficiado. Isso faz também com que ele veja maior valor no produto adquirido e vantagens em efetuar a compra.

ANTES, REFLITA:

Como você poderá implantar o gatilho do contraste em seu negócio?

⚠ **Faça uma pesquisa com o objetivo de identificar se seus concorrentes utilizam esse gatilho.**

⚠ **Preencha a seguir sua estratégia**

17 – Garantia

No gatilho da garantia, o objetivo é fazer o cliente perceber que sua empresa oferece garantia de satisfação com o produto ou serviço. O foco é o cliente, para que ele veja que sua marca se preocupa de fato com a boa experiência. Isso derrubará as possíveis resistências que ele possa ter e o deixará mais aberto e confiante para realizar uma compra.

ANTES, REFLITA:

Como você poderá implantar o gatilho da garantia em seu negócio?

⚠ Faça uma pesquisa com o objetivo de identificar se seus concorrentes utilizam esse gatilho.

⚠ Preencha a seguir sua estratégia.

18 – Histórias

Contar histórias é uma maneira de se conectar com as pessoas. Em vendas, as histórias ajudam muito a criar essa conexão e, mais do que isso, devem colocar o cliente em destaque como herói, como protagonista. Isso o fará querer se relacionar com sua marca, afinal, ele se sente compreendido e especial.

Essa relação bem estabelecida, como já dissemos em outros momentos, é fundamental para aumentar as chances de concretizar uma venda.

MÃO NA MASSA! SIGA O MESTRE:

ANTES, REFLITA:
Como você poderá implantar o gatilho da história em seu negócio?

⚠ **Faça uma pesquisa com o objetivo de identificar se seus concorrentes utilizam esse gatilho.**

⚠ **Preencha a seguir sua estratégia.**

19 – Inimigo Comum

Assim como as histórias, o inimigo comum também ajuda a gerar uma conexão com seu público, fortalecendo a relação entre ele e sua marca. Esse inimigo comum é identificado a partir do problema que seu produto resolve e que é uma dor do seu cliente. Portanto, identificá-lo e "atacá-lo" é fundamental.

Ao abordar o inimigo comum, você e seu público estarão "do mesmo lado", e isso cria identificação entre vocês. Essa identificação aproxima o cliente da sua marca, porque ele se sente compreendido em uma dor que seu produto pode solucionar.

ANTES, REFLITA:

Como você poderá implantar o gatilho do inimigo comum em seu negócio?

⚠ Faça uma pesquisa com o objetivo de identificar se seus concorrentes utilizam esse gatilho.

⚠ Preencha a seguir sua estratégia.

20 – Similaridade

Usar o gatilho da similaridade é criar uma conexão com o seu cliente a partir de questões como propósito, missão e valores da sua marca. Atualmente, as pessoas preferem comprar de marcas que sejam mais parecidas com elas e que defendam causas que valorizam. Por isso, essas informações precisam ser apresentadas e reafirmadas a seu público.

Isso é o gatilho da similaridade.

ANTES, REFLITA:

Como você poderá implantar o gatilho da similaridade em seu negócio?

⚠ **Faça uma pesquisa com o objetivo de identificar se seus concorrentes utilizam esse gatilho.**

⚠ **Preencha a seguir sua estratégia.**

21 – Exclusividade

Por fim, o gatilho da exclusividade pode ser utilizado para que seu cliente se sinta parte de um grupo privilegiado, que terá acesso a algo especial e exclusivo, seja uma informação, um conteúdo, uma promoção ou um produto.

Algumas formas de se fazer isso, por exemplo, são os e-mails exclusivos, lançamentos, entre outros que forem pertinentes para sua marca e seu público.

ANTES, REFLITA:

Como você poderá implantar o gatilho da exclusividade em seu negócio?

⚠ **Faça uma pesquisa com o objetivo de identificar se seus concorrentes utilizam esse gatilho.**

⚠ **Preencha a seguir sua estratégia.**

CONCLUSÃO SOBRE GATILHOS MENTAIS

Os gatilhos mentais, como pudemos observar, são muitos e não precisam ser utilizados individualmente. Por vezes, mais de um acaba por ser acionado, e eles se misturam para engajar as pessoas a se aproximarem da sua marca. Nos exemplos que apresentamos, isso fica claro. Em alguns casos, há mais de um gatilho.

O importante na escolha desses gatilhos é mais uma vez conhecer seu público, saber de seus interesses e como ele se comporta na jornada de compra. Do mesmo modo, é essencial ter claros o propósito, os valores e a missão da sua empresa, para saber onde se quer chegar e qual caminho percorrer para alcançar seus objetivos.

Esses gatilhos não servem apenas para serem utilizados no processo de vendas e negociação, mas também em seus relacionamentos do dia a dia de trabalho.

Por fim, lembre-se sempre de que o foco deve ser criar conexões, estabelecer e semear relações sólidas com pessoas que podem se tornar clientes e embaixadores dos seus produtos e da sua marca por onde passarem.

CAPÍTULO 1

CAPÍTULO 2

CAPÍTULO 3

CAPÍTULO 4

CAPÍTULO 4

As 21 Leis do Vendedor Extraordinário

"Seus clientes não precisam de um vendedor que seja um 'catálogo falante', e sim de pessoas que sejam criativas e adicionem valor ao que compram."

Neil Rackham, autor, consultor e acadêmico

Para finalizar, apresentaremos as 21 leis do vendedor extraordinário. Isso porque, como falamos anteriormente, a AFINIDADE está intrinsecamente ligada ao comportamento, e quem sabe se comportar como um extraordinário vendedor, além de ser sempre lembrado, traz consigo sua boa afinidade para a empresa que representa. Sim, a BOA AFINIDADE, aquela que apresentamos na nossa Matriz Seja Visto e Lembrado, tem como mais um "ingrediente" de sucesso essas 21 leis.

1 — Networking Poderoso

Sozinho é difícil chegar aonde um networking poderoso pode te levar!

Construir um networking poderoso tem a ver com se relacionar com pessoas que seguem uma linha de pensamento parecida com a sua. As relações por si só não bastam, é preciso que elas criem algo novo e extraordinário. Nesse sentido, o que um networking poderoso traz não é uma soma de ideias, mas ideias inovadoras construídas a partir dessas relações.

SIGA O MESTRE:

ANTES, REFLITA:

Como você poderá implantar a lei do sucesso "Network Poderoso" em seu negócio?

⚠ **Preencha a seguir sua estratégia.**

2 – Propósito Bem Definido

Um propósito bem definido é fundamental porque quem não sabe onde quer chegar vai andando sem rumo e não sabe construir planos eficientes. Para ter um objetivo claro, é preciso colocar em um papel o que você quer mudar, o que quer alcançar e ler esse papel todos os dias. Isso faz com que seu propósito permaneça vivo em seu inconsciente e você aja para alcançá-lo todos os dias.

Sabendo claramente seu propósito, as atividades podem ser definidas e o passo a passo será seguido para a realização do que você quer!

ANTES, REFLITA:

Como você poderá implantar a lei do sucesso "Propósito Bem Definido" em seu negócio?

⚠ **Preencha a seguir sua estratégia.**

3 — Autoconfiança

Confiar em si mesmo e no que é capaz de alcançar é essencial tanto para você como para as pessoas com quem for trabalhar ou apresentar um projeto. Isso porque essa característica faz com que você conheça e confie no seu potencial para fazer o que precisa ser feito, mas também o ajuda a olhar para o que precisa pedir a outras pessoas.

ANTES, REFLITA:

Como você poderá implantar a lei do sucesso "Autoconfiança" em seu negócio?

⚠ **Preencha a seguir sua estratégia.**

4 — Mente Milionária

Ganhar, reter e multiplicar são habilidades fundamentais de um vendedor extraordinário. Isso se desenvolve com educação financeira para controlar as finanças, ter dinheiro para investir em novas oportunidades e se arriscar sem passar aperto, caso algo não saia como você esperava.

ANTES, REFLITA:

Como você poderá implantar a lei do sucesso "Mente Milionária" em seu negócio?

⚠ **Preencha a seguir sua estratégia.**

5 — Liderança

Um líder é quem tem iniciativa para assumir o controle de seu destino. Com essa atitude, também motiva as pessoas a sua volta a agirem de maneira adequada diante de cada situação.

Essa é uma habilidade que pode ser trabalhada e desenvolvida. Deve ser aplicada para conquistar parceiros e clientes, além de convencê-los a abraçar suas ideias e a comprar o que você oferece.

Em resumo, um líder é um ótimo vendedor de ideias e produtos ou serviços.

ANTES, REFLITA:

Como você poderá implantar a lei do sucesso "Liderança" em seu negócio?

⚠ **Preencha a seguir sua estratégia.**

6 – Amar Problemas

Pense que problemas são oportunidades para novas soluções. Por isso, amar problemas significa enxergar além do que a maioria costuma ver para propor soluções a problemas que, muitas vezes, as pessoas nem percebem que existem.

Para isso, procure exercitar a mudança de rotina e de hábitos, mude de lugar, de ponto de vista, para enxergar as coisas sob uma nova perspectiva. Isso ajuda a estimular sua capacidade de observação e criatividade.

ANTES, REFLITA:

Como você poderá implantar a lei do sucesso "Amar Problemas" em seu negócio?

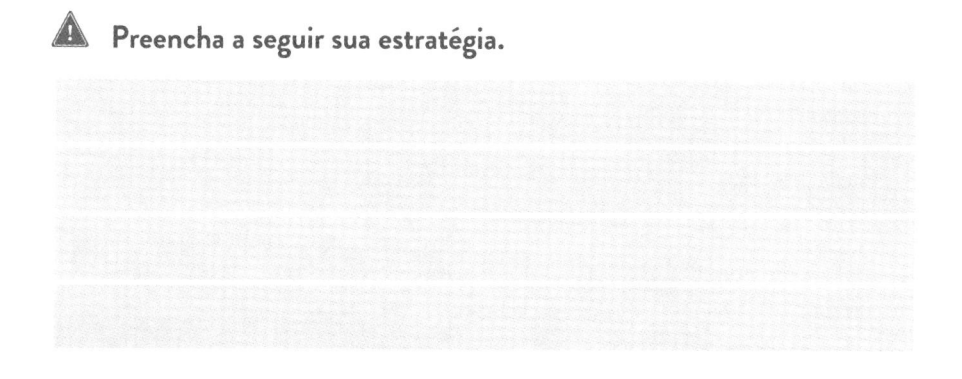

⚠ **Preencha a seguir sua estratégia.**

7 – Brilho nos Olhos

O brilho nos olhos leva você a agir em busca dos seus objetivos. Esse entusiasmo e essa motivação o ajudam a não desistir diante dos obstáculos, mas a olhar para eles como oportunidades.

Quem tem brilho nos olhos tem energia para fazer o que precisa ser feito porque tem um propósito que busca sempre, além de inspirar outras pessoas a também embarcarem nessa jornada!

ANTES, REFLITA:

Como você poderá implantar a lei do sucesso "Brilho nos Olhos" em seu negócio?

⚠ **Preencha a seguir sua estratégia.**

8 – Inteligência Emocional

A inteligência emocional é o que ajuda você a avaliar situações (boas e ruins) pensando nos próximos passos, nas consequências e ações necessárias para que seu objetivo seja alcançado. É ter autocontrole e não se deixar levar por emoções negativas, ter os pés no chão para tomar as decisões necessárias e controlar emoções momentâneas que possam desviar você do seu propósito.

ANTES, REFLITA:

Como você poderá implantar a lei do sucesso "Inteligência Emocional" em seu negócio?

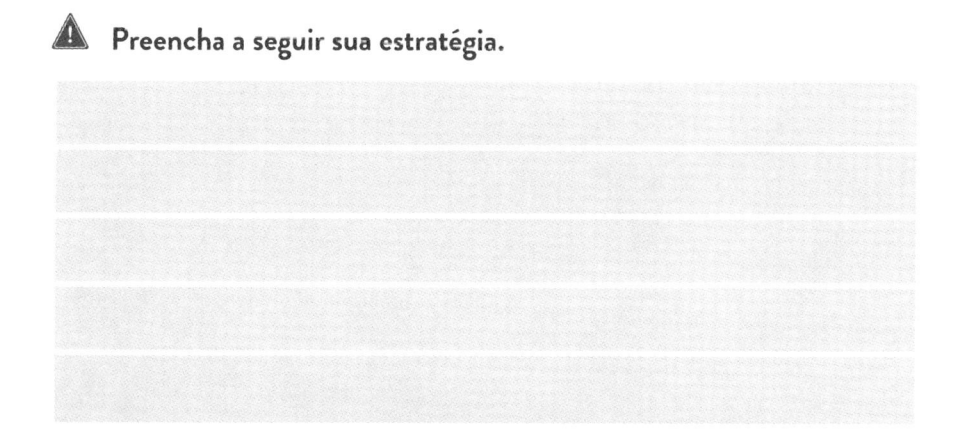

⚠ **Preencha a seguir sua estratégia.**

9 – Over Delivery

Para se destacar, é preciso pensar em maneiras de entregar mais do que seu cliente espera de você, do seu produto ou serviço. Olhe para a concorrência, para o mercado, para seu cliente e analise como pode fazer mais do que é esperado de você e da sua marca. Faça além do que a maioria faz.

ANTES, REFLITA:

Como você poderá implantar a lei do sucesso "Over Delivery" em seu negócio?

⚠ **Preencha a seguir sua estratégia.**

10 – Personalidade Magnética

Já falamos em networking, então sabemos que ter boas relações é fundamental! Uma pessoa simpática, que sabe se comunicar de maneira agradável e pensa em soluções atrai outras pessoas e, consequentemente, tem mais chances de conquistar clientes e fazer boas vendas.

ANTES, REFLITA:

Como você poderá implantar a lei do sucesso "Personalidade Magnética" em seu negócio?

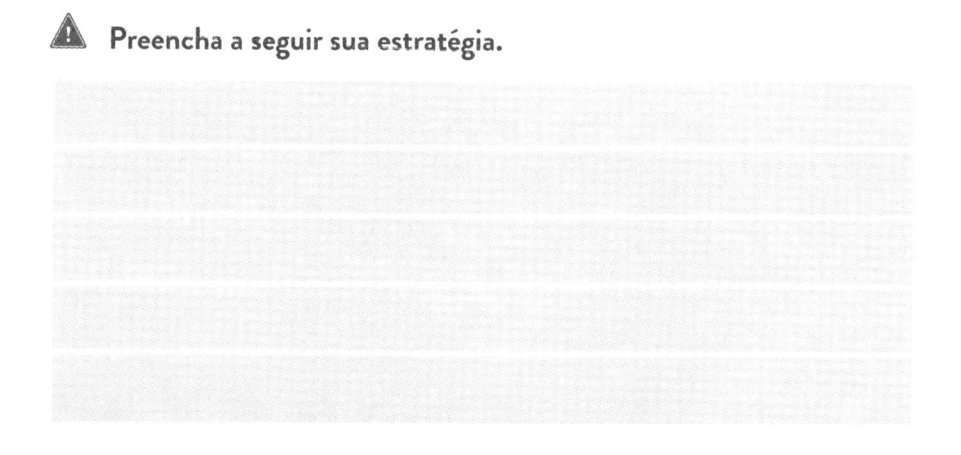

⚠ **Preencha a seguir sua estratégia.**

11 – Acuidade Sensorial Máxima

Para tomar decisões mais assertivas, é preciso acuidade sensorial máxima, ou seja, a capacidade de considerar e avaliar fatos e resultados reais para decidir os próximos passos e alcançar objetivos. O foco é sempre o seu propósito, portanto, é importante olhar para o que importa, para o que é concreto.

ANTES, REFLITA:

Como você poderá implantar a lei do sucesso "Acuidade Sensorial Máxima" em seu negócio?

⚠ **Preencha a seguir sua estratégia.**

12 – Blindagem Mental

Apesar de o mundo atual e tecnológico apresentar diversos estímulos que acabam chamando nossa atenção, é preciso ter foco na tarefa proposta e finalizá-la. Isso pode parecer óbvio, mas com tantas informações, é comum que as pessoas queiram fazer diversas atividades ao mesmo tempo, não realizem nenhuma com alta performance e, ainda, deixem tarefas inacabadas.

Por isso, é preciso pensar em fazer uma tarefa por vez, com qualidade, e terminá-la.

ANTES, REFLITA:

Como você poderá implantar a lei do sucesso "Blindagem Mental" em seu negócio?

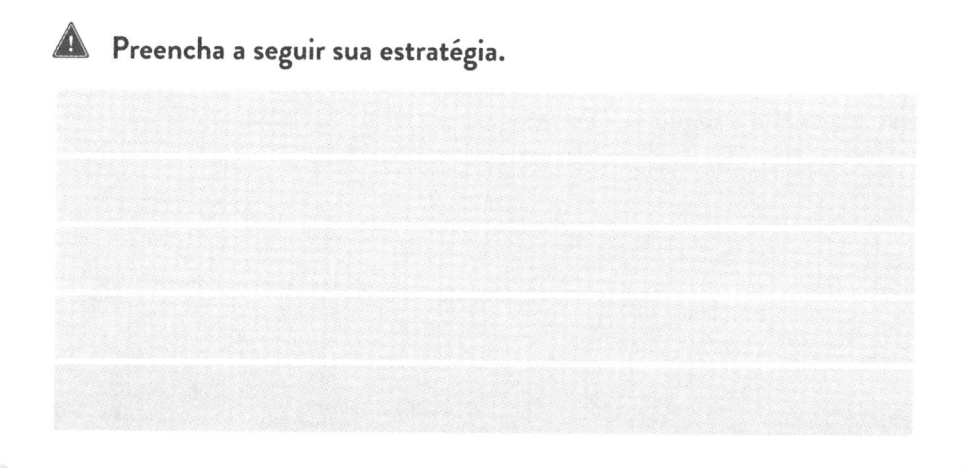

⚠ **Preencha a seguir sua estratégia.**

13 – Mentalidade de Abundância

Quando falamos em mentalidade de abundância, nos referimos a estarmos próximos e em parceria com pessoas que tenham uma linha de pensamento parecida com a nossa. Além disso, essa mentalidade abundante traz a perspectiva de ganha-ganha, que significa olhar para os concorrentes como players do mercado e para os colaboradores como partes ativas da realização dos seus objetivos.

Isso faz com que a visão e as ações sejam direcionadas e pensadas para o bem-estar comum, o seu e o das pessoas com quem você se relaciona.

ANTES, REFLITA:

Como você poderá implantar a lei do sucesso "Mentalidade de Abundância" em seu negócio?

⚠ **Preencha a seguir sua estratégia.**

14 – Programação Mental

A programação mental tem a ver com a maneira como lidamos com o fracasso em nosso caminho. Fracassar precisa ser uma oportunidade de aprender e evoluir, sem desanimar. O fracasso traz o aprendizado do que não deve ser feito e precisa impulsionar a busca por novos caminhos, com melhores resultados.

ANTES, REFLITA:

Como você poderá implantar a lei do sucesso "Programação Mental" em seu negócio?

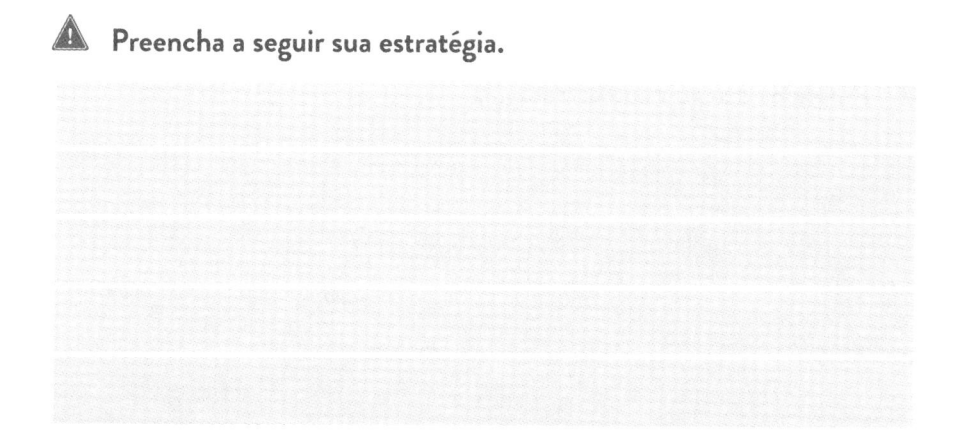

⚠ **Preencha a seguir sua estratégia.**

15 – Resiliência

Como nem sempre as coisas acontecem como esperamos ou gostamos, é preciso ter tolerância e paciência com as limitações e erros. Isso é ter resiliência para buscar a adaptação em meio às adversidades e surpresas com tudo o que não pode ser controlado.

A resiliência ajuda nas adaptações para que as pessoas aproveitem a jornada e seus aprendizados e permaneçam em busca de seus objetivos. O caminho é valioso e só pode ser desfrutado por quem consegue se adaptar às mudanças necessárias sem perder o foco.

SIGA O MESTRE: MÃO NA MASSA!

ANTES, REFLITA:

Como você poderá implantar a lei do sucesso "Resiliência" em seu negócio?

⚠ **Preencha a seguir sua estratégia.**

16 – Empatia

A empatia é a "regra de ouro", pois ela nos leva para o lugar do outro, nos tornando capazes de entender como nos sentiríamos nesse lugar. Isso é fundamental para que olhemos para nós (para nos libertarmos de padrões limitadores), e também para os outros, de maneira que possamos tratar todos como gostaríamos de ser tratados.

Sem dúvida, com empatia, as relações pessoais e profissionais seriam muito melhores, consequentemente, o mundo seria um lugar melhor, mais respeitoso para todos.

ANTES, REFLITA:

Como você poderá implantar a lei do sucesso "Empatia" em seu negócio?

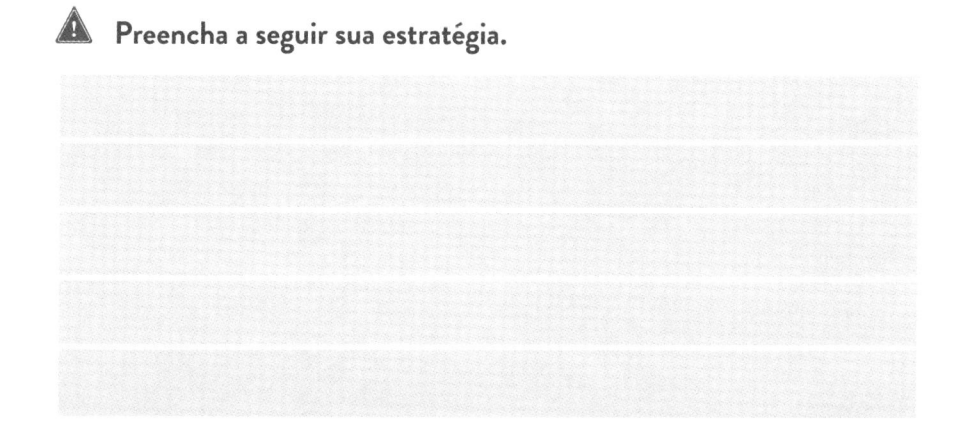

⚠ **Preencha a seguir sua estratégia.**

17 – Celebração

Celebrar é ser grato. Cada conquista deve ser celebrada, o agradecimento deve ser constante, o que faz com que o caminho seja mais feliz e menos estressante. Afinal, cada etapa cumprida traz bons sentimentos, traz mais energia e motivação para continuar em busca de um propósito.

ANTES, REFLITA:

Como você poderá implantar a lei do sucesso "Celebração" em seu negócio?

⚠ **Preencha a seguir sua estratégia.**

18 — Ser Coach

Ser Coach significa se manter no ciclo extraordinário de melhoria contínua. Essa condição é importante para sempre olharmos para a frente, buscando novas metas, sem acomodação. Melhorar continuamente é olhar para o que pode ser realizado além do que já foi conquistado, é não parar de querer realizar mais, sem deixar de valorizar as conquistas e sem se permitir parar.

O coaching deve estar atrelado a métricas para saber:

- Se o gestor está sendo efetivo em seus feedbacks.
- Se o vendedor está respondendo positivamente e se desenvolvendo.

As métricas devem estar atreladas à avaliação, premiação, às penalidades e à remuneração variável.

Rotinas — os ritos e rituais de venda

Você e seu time conhecem ou aplicam algum rito ou ritual de preparação?

- Reunião matinal / vespertina
- Convenção de vendas
- Rota / escuta com vendedor
- Reunião de feedback
- Cerimônia de reconhecimentos
- Revisão de resultados
- Previsão de vendas
- Gritos de guerra
- Símbolos
- Roteiros de vendas

Tipos de reunião de vendas

- Reunião de planejamento de conta
- Reunião de avaliação da atividade de vendas
- Reunião de previsão de vendas
- Reunião mensal de vendas
- Reunião mensal de operações

Dizem que...

"O bom vendedor já nasce vendedor."

Se fosse assim, estaríamos recrutando em maternidades. O bom vendedor se torna um bom vendedor depois de:

- Muito estudo (tecnologia, psicologia, administração etc.).
- Muita metodologia.
- Muita prática.

Treinamentos em marketing e vendas SÓ SERVEM para uma coisa: fazer você vender mais...

Então aproveite, aprenda e use TUDO o que está presente neste livro.

Gestão de metas e objetivos

Reuniões semanais

- Reconhecer e resolver desafios, obstáculos, conflitos e situações políticas.
- Tratar as prioridades, mantendo um equilíbrio eficaz entre assuntos urgentes e importantes.

- Apoio do supervisor.
- Planejamento de visitas.

Reuniões mensais

- Atual x Planejado
- *Forecast* de vendas
- Planejamento de oportunidades e Planejamento de recursos necessários

Reuniões semestrais

- Atual x Planejado
- Planejamento de contas

ANTES, REFLITA:

Como você poderá implantar a lei do sucesso "Ser Coach" em seu negócio?

⚠ **Preencha a seguir sua estratégia.**

19 – Dominar a PNL

PNL é a programação neurolinguística, que lhe permitirá modelar sua mente para sempre olhar para o que você pode realizar.

A ideia é dominar a PNL para alcançar os melhores resultados não apenas para você, mas também para ser um agente de transformação para as pessoas a sua volta, assim elas também terão uma alta performance.

Por meio da PNL, você conseguirá entender o que determina como uma pessoa processa as informações e como a forma de suas percepções é o que governa seu comportamento.

O novo comprador quer um vendedor:

- Que o faça pensar.
- Que traga novas visões e perspectivas.
- Que conheça a empresa e o mercado no qual está inserido.
- Que ofereça soluções criativas e inovadoras para melhorar o negócio dele.

*Quer um vendedor que o ENSINE
algo que ele ainda não sabe.*

ANTES, REFLITA:

Como você poderá implantar a lei do sucesso "Dominar a PNL" em seu negócio?

⚠ **Preencha a seguir sua estratégia.**

20 – Protagonismo

Ser protagonista da sua vida é se responsabilizar pelas conquistas e pelos fracassos, e não terceirizar isso para ninguém. Quando esse protagonismo é assumido, você está pronto para agir em busca do sucesso e da felicidade que merece!

Existem sete leis do protagonismo que podem ser aplicadas na busca do sucesso e transformadas em hábitos diários. São elas:

1ª — Não ignorar os fatos.

2ª — Não buscar os culpados.

3ª — Não criticar as pessoas.

4ª — Não julgar as pessoas.

5ª — Não reclamar de situações.

6ª — Não se fazer de vítima.

7ª — Não justificar seus erros.

SIGA O MESTRE: MÃO NA MASSA!

ANTES, REFLITA:

Como você poderá implantar a lei do sucesso "Protagonismo" em seu negócio?

⚠ **Preencha a seguir sua estratégia.**

21 – Comunicação Massiva

A comunicação massiva faz com que você alcance o maior número de pessoas. Por exemplo, como um palestrante, você fala para muitos, potencializando sua autoridade, ampliando seu networking e, consequentemente, aumentando suas vendas.

As 21 leis do vendedor extraordinário, se colocadas em prática, são o caminho para o sucesso, a felicidade e bons resultados para você e sua empresa serem lembrados.

Por isso, revisite-as sempre para se manter em movimento e em melhoria contínua. Isso vale tanto para você como para as pessoas à sua volta, que devem estar focadas e motivadas, celebrando conquistas sem se acomodar, buscando olhar para a frente e agindo em busca de um propósito.

MÃO NA MASSA! SIGA O MESTRE:

ANTES, REFLITA:

Como você poderá implantar a lei do sucesso "Comunicação Massiva" em seu negócio?

⚠ **Preencha a seguir sua estratégia.**

AGORA É COM VOCÊ!

⚠ Pratique todas as boas práticas ensinadas nesta parte referente a

"Ser Lembrado".

Figura 12 • Ações de afinidade "Ser Lembrado"

- Ter bom atendimento
- Melhorar produtos e serviços
- Gatilhos mentais
- As 21 leis do vendedor extraordinário

Nem visto e nem lembrado!

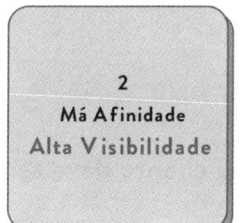

4
Má Afinidade
Baixa Visibilidade

2
Má Afinidade
Alta Visibilidade

É visto, porém não será lembrado!

Passo a passo

Defina uma forma de aumentar suas ações de aumento da afinidade.

1. Identifique seu cliente (empresas ou pessoas-alvo).
2. Identifique as melhores dicas neste capítulo.
3. Mensure o ROI.

Figura 13 • Sua empresa

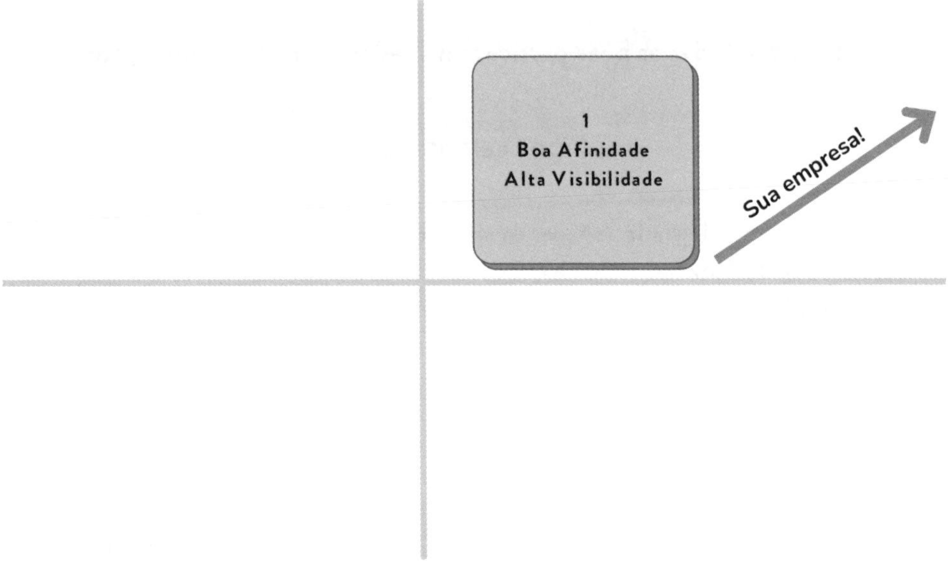

```
                    |
                    |    ┌─────────────┐
                    |    │      1      │         ↗
                    |    │ Boa Afinidade│    Sua empresa!
                    |    │Alta Visibilidade│
                    |    └─────────────┘
────────────────────┼──────────────────────────
                    |
                    |
                    |
                    |
```

O sucesso do seu cliente deve ser sua obsessão.

*Você deve entregar soluções
para suas necessidades!*

Conclusão

Os conhecimentos que compartilhamos com você neste livro são fruto de nossa experiência, de muitos testes, erros e acertos ao longo do caminho, que nos proporcionaram muito aprendizado para alcançarmos excelentes resultados em nossas empresas. É claro que sua experiência é e será diferente das nossas, e esperamos ajudá-lo a crescer no mercado, independentemente da área de atuação da sua empresa.

Nosso objetivo é facilitar o caminho trazendo informações realistas e exemplos de como canais de aquisição, gatilhos e comportamentos influenciam diretamente os resultados, para que sua empresa alcance BOA AFINIDADE e ALTA VISIBILIDADE, a combinação ideal da Matriz Seja Visto e Lembrado.

Sabemos que não existem fórmulas mágicas, por isso procuramos compartilhar aquilo em que acreditamos, para que você possa fazer o que for mais adequado a sua realidade. Certamente, com paciência e persistência, esses conhecimentos o ajudarão em suas futuras realizações.

Desejamos trabalho e sucesso, e que você acredite que cada ação e cada escolha impactará nos seus e nos resultados da sua empresa, levando-o aos próximos passos para continuar crescendo no mercado!

Agradecemos muito por ter nos acompanhado nesta jornada e esperamos que possa mostrar na prática o que aprendeu e divulgar este livro para pessoas que, assim como nós e você, acreditam que o caminho para o sucesso está no trabalho e no conhecimento!

Grande abraço,

Rafael e Mamá

Referências bibliográficas

Bender, A. *Personal Branding:* Construindo sua marca pessoal. 1ª Ed. São Paulo: Intregrare, 2009.

Brown, M.; Ellis, S. Hacking Growth: *A estratégia de marketing inovadora das empresas de crescimento mais rápido.* Trad. Ada Felix. 1ª Ed. Rio de Janeiro: Alta Books, 2018.

Brown, S.; Girard J. *Como vender qualquer coisa a qualquer um.* Trad. Franciso Manuel da Rocha. Edição revisada e atualizada. Rio de Janeiro: Best Seller, 2007.

Cialdini, R. *As armas da persuasão:* Como influenciar e não se deixar influenciar. Trad. Ivo Korytowski. 1ª Ed. Rio de Janeiro: Sextante, 2012.

Mares, J.; Weinberg, G. *Traction:* How Any Startup Can Achieve Explosive Customer Growth. 1ª Ed. Portfolio Press, 2015.

Rackham, N. *Alcançando excelência em vendas:* Spin Selling. 1ª Ed. São Paulo: Editora M.Books, 2008.

Ross, A; Tyler, M. *Receita previsível (Predictable Revenue):* Como implantar a metodologia revolucionária de vendas outbound que pode triplicar os resultados da sua empresa. Trad. Marcelo Amaral de Moraes e Celina Pedrina Siqueira Amaral. 1ª Ed. São Paulo: Autêntica Business, 2017.

Índice

A

ação promocional 86
acuidade sensorial máxima 166
Ads offline 73–74
afinidade 21
 boa 22–23
 princípio da 120
alavancar as vendas 37
análise
 de mercado 103
 de resultados 40, 73
anúncio nas redes sociais 48
assessoria de imprensa 79–80
atendimento 22
autocontrole 163
avaliar 32, 69, 75

B

blindagem mental 167
blog 63–64
boca a boca 22, 63
branding 93
briefing 82
buscadores 37, 51, 64

C

campanha de vendas 105
canais de aquisição 29–30, 55
celebração 172
chatbot 99–100
checklist 83
clientes insatisfeitos 24
coaching 173
coleta de dados 99
comercial B2B 79
comunicação massiva 181–182

conceito de Maslow   15
construção de uma marca   21
conteúdo relevante   38
controlar a performance de vendas   107
criação de conteúdo   38, 60–61
cronograma   66–67, 83
custo por impacto (CPI)   92–93
custo por mil (CPM)   92

D

desejo de pertencimento   134
desenvolvimento de estratégias   106
diferenciação   107
divulgação   25
  por rádio   95–96

E

e-books   37, 128
educação financeira   159
Eduzz, plataforma   75
e-mails
  automatizados   44
  sazonais   43
empatia   171
eventos   82–83

F

Facebook   37
feiras de negócios   85–86
ferramentas de CRM   99, 114
Funil de Vendas   40

G

gamificação   106–107
gatilho
  da antecipação   138
  da autoridade   128
  da curiosidade   144
  da escassez   124
  da exclusividade   152
  da garantia   148
  da influência social   134
  da novidade   140
  da prova   132
  da reciprocidade   130
  da relação dor X prazer   141
  das histórias   149
  da similaridade   151
  da simplicidade   143
  da surpresa   145
  da urgência   126
  do contraste   147
  do descaso   146

do inimigo comum 150
do paradoxo da escolha 142
mental da razão 136
gatilhos mentais 123–124, 153
gerar receita 32
Google 37, 48, 51
　Ads 67
　Meu Negócio 128
　Shopping 67

H
headings tags 51
Hotmart, plataforma 75

I
imagem
　da empresa 21
　positiva 128
influenciador digital 54–55
Instagram 37
inteligência
　Artificial (IA) 99–100
　emocional 163
internet 48, 60
　influencers 134

J
jornada de compra 39–40

K
KPI 93

L
leads 38, 70
　em clientes, transformação 39
LinkedIn 37, 105
links internos 64

M
Marketing
　de Afiliados 75–76
　de Comunidade 69
　de Conteúdo 60
　Digital 48, 51, 73
　E-mail 43–44
　Inbound 37–38, 40
　Tradicional 37
　Viral 57
matriz de credibilidade 9
mentalidade de abundância 168
metodologias de engajamento 106

métricas de desempenho 42
mudança de rotina 161

N

negociação 119, 153
Netflix 138
networking 110–111, 156
newsletter 43, 45

O

oportunidades de negócio 23
orçamento 32, 40, 66
otimização de URL 51
outdoor 92–93
over delivery 164

P

palavras-chave 64
panfletos e cartões de visita 89–90
pay-per-click (PPC) 66
personalidade magnética 165
perspectiva de ganha-ganha 168
planejamento 25, 66, 79
planos eficientes 157
plataforma

de afiliação 75
preço 47, 77
presença digital 103, 120
programação
 mental 169
 neurolinguística (PNL) 177
proposta de valor 32–33
prospecção outbound 103–105
protagonismo 179
publicidade 47
público-alvo 27, 32
 engajar o 60, 69

Q

QR Code 73

R

redes sociais 48
relacionamento 38–39
resiliência 170
resultados concretos 21
retorno de investimento (ROI) 103
review 132
rich snippets 51
rituais de venda 173

S

Search Engine
  Marketing (SEM) 66–67
  Optimization (SEO) 51
sete leis do protagonismo 179
stand 86–87

T

taxa de conversão de audiência 92

V

visibilidade 21, 30
  alta 22–23

W

WhatsApp 63, 85

Y

YouTube 51

Z

zona de conforto 111

SEJA VISTO E LEMBRADO

Impressão e Acabamento | Gráfica Viena
Todo papel desta obra possui certificação FSC® do fabricante.
Produzido conforme melhores práticas de gestão ambiental (ISO 14001)
www.graficaviena.com.br